100 FILÓSOFOS

100 Filósofos

a Sabedoria dos Maiores Pensadores do Mundo

LESLEY LEVENE

MINOTAURO

Título original:
100 Philosophers
The Wisdom of the World's Great Thinkers

Autora:
Lesley Levene

Tradução:
Pedro Vidal / Lufada de Letras

Revisão:
Joana Baudouin

Capa de Joana Carvalho
sobre design de capa original de Michael O'Mara Books Limited

Biblioteca Nacional de Portugal – Catalogação na Publicação

LEVENE, Lesley

100 Filósofos: a sabedoria dos grandes pensadores do mundo
ISBN 978-989-9124-26-4

CDU 1

Depósito Legal n.º 504281/22

Paginação:
Patrícia Boleto

Impressão e acabamento:
ARTIPOL - Artes Gráficas

para
Minotauro
setembro de 2022

MINOTAURO, uma chancela de Edições Almedina, S.A.
Avenida Emídio Navarro, 81, 3D
3000-151 Coimbra – Portugal

Introdução

Desde que nós, seres humanos, por cá andamos, temo-nos interrogado sobre como dar sentido à nossa existência no mundo físico e ao nosso lugar no esquema metafísico mais alargado das coisas. Veja-se aquelas antigas pinturas nas cavernas... Com o poder da razão vem a capacidade de questionarmos a natureza e o propósito das nossas vidas. E é aqui que a filosofia entra em cena.

Num livro de citações de grandes filósofos serão mais importantes as citações ou os próprios filósofos? Como em todas as coisas de natureza filosófica, essa questão é mais apropriada para iniciar uma conversa do que para sugerir que exista uma resposta certa ou errada.

Quando se procuram citações interessantes — que possam ser verdadeiras fontes, em oposição àquelas que saltam online como pensamentos motivacionais para esse dia —, o ideal seria algo sucinto e instantaneamente memorizável, que captasse a linha de raciocínio de um filósofo em particular: o «penso, logo existo» de Descartes sobressai como um exemplo óbvio. As outras noventa e nove citações aqui presentes poderão não atingir o mesmo estatuto de *sound bite*, mas todas têm algo de significativo a dizer acerca do problema com que cada filósofo em particular se debatia na altura e que, nalguns casos, se separaram do seu contexto original, fazendo o seu percurso até ao discurso quotidiano, como «a banalidade do mal» e «o fantasma na máquina», por exemplo. As citações foram retiradas de uma área geográfica tão vasta quanto possível e cobrem mais de dois mil e quinhentos anos de história, fornecendo um largo âmbito e profundidade.

Como os filósofos são aqui apresentados cronologicamente, as suas citações mostram temas e tendências interessantes, que se tornam evidentes em diferentes áreas, à medida que um pensador, ou grupo de pensadores, é influenciado por outro e todos são influenciados pelos acontecimentos que afetam as suas vidas quotidianas. As próprias citações captam um momento singular no tempo, ou o tempo mental desse filósofo particular e seria disparatado imaginar que os grandes pensadores não vão ajustando as suas opiniões quando as circunstâncias o exigem. A informação bibliográfica apensa fornece o contexto para cada citação e existe uma imensidão de outro material, em livros e online, para quem quiser continuar a explorar.

Quer comecem por um interesse na tradição filosófica oriental, com as suas raízes na antiga China, ou pela tradição filosófica ocidental, que remonta à antiga Grécia, ler este livro permitirá que compreendam que existem semelhanças entre as duas. E quando os europeus ocidentais perderam as suas ligações com o mundo clássico após o fim do Império Romano, foram os filósofos islâmicos que acabaram por retomar essa ligação, acrescentando as suas próprias ideias às suas traduções dos clássicos gregos. À medida que o tempo passava e a filosofia olhava para lá das academias e para o mundo exterior, alargava o seu âmbito, empenhando-se em áreas tão diversas como a ciência e a religião, a história e a política, o direito, a economia e os direitos humanos. As ideias vêm à frente, têm o seu momento e recuam de novo, mas, de cada vez, são feitos avanços, por isso o recuo nunca é tão pronunciado.

Dito isto, houve uma coisa que me impressionou enquanto compilava este livro: todas as filósofas aqui incluídas sentiram a necessidade de continuar a questionar o papel inferior das mulheres na sociedade. Eu sou mulher, por isso foi o que me saltou aos olhos. E vocês? Quem sentem que fala por vocês quando leem estas citações?

Lao-Tsé

(século VI a. C.)

«Uma jornada de mil milhas começa com um único passo.»

Tao Te Ching, 64

O filósofo chinês Lao-Tsé (literalmente, «Velho Mestre») é uma espécie de enigma. Pouco se sabe da sua vida — se é que de facto existiu — mas é considerado o homem que inspirou o taoismo e o seu texto fundacional, o *Tao Te Ching* («Clássico da Via e da Virtude»), que foi compilado trezentos anos após a sua suposta morte.

De acordo com a monumental história da China, o *Shiji*, de Sima Qian, escrita no final do segundo e princípio do primeiro século a. C., Lao-Tsé era o guardião dos arquivos na corte Zhou e foi aí que foi visitado por Confúcio, que queria consultá-lo sobre questões rituais. Isto levou alguns académicos a sugerir que Lao-Tsé seria um contemporâneo mais idoso de Confúcio. «Lao-Tsé cultivava o Tao e a virtude», diz Sima Qian, e «o seu conhecimento era dedicado à discrição e não a ter fama». Quer se tome tal como um facto, ou não, a influência do taoismo é inegável e Lao-Tsé é reverenciado como o seu fundador.

Tanto enquanto filosofia como religião, o taoismo não apresenta um conjunto de doutrinas, mas centra-se antes na importância de se viver em harmonia com o Tao («a Via»). A necessidade é a de que haja equilíbrio em todas as circunstâncias. Há um fluir rítmico entre o mundo natural e os seres humanos que se mantém num estado de fluxo, pois todas as coisas se encontram numa viagem pela vida. Para se fazer parte do fluir é preciso abraçar os princípios de *ziran* (naturalidade) e *wuwei* (não-ação). Se pensarem em demasia, ou tentarem pôr as ideias em palavras, perderão a vossa via.

Nascido na ilha grega de Samos, Pitágoras visitou centros de conhecimento no Egito e na Babilónia, antes de, por volta de 530 a. C., ter estabelecido a sua própria comunidade em Crotona, no sul de Itália. Os aderentes viviam em comunidade, com homens e mulheres tratados de igual modo e a propriedade detida em comum. Seguindo uma via de ascetismo moral e purificação ritual do corpo, em vez de procurarem o lucro mundano, ele e os seus discípulos acreditavam na transmigração das almas e na interligação de todas as coisas vivas. No entanto, não houve ensinamentos escritos durante a vida de Pitágoras e este, após a sua morte, tornou-se matéria lendária.

Hoje, Pitágoras é sobretudo conhecido como matemático, graças ao teorema que leva o seu nome. De acordo com relatos posteriores, defendia que o cosmo estava estruturado segundo princípios morais e relações numéricas significativas. Tendo descoberto que havia razões matemáticas por detrás da harmonia musical, concluiu que a matemática, devido ao seu poder purificador, era fundamental para tudo, com a geometria na sua mais elevada forma. O mundo físico imperfeito poderia ser compreendido através do rigor que lhe é imposto pelas suas fórmulas matemáticas — e não apenas o mundo físico, mas também os corpos celestiais, através da «música das esferas».

É difícil separar os pensamentos originais de Pitágoras de todo o misticismo posterior, mas a sua ênfase numa forma de pura realidade subjacente às aparências superficiais influenciou claramente Platão, bem como outros filósofos.

Pitágoras

(c. 570 a. C.–c. 490 a. C.)

«O número governa as formas e as ideias.»

Jâmblico de Cálcis, *Sobre a Vida de Pitágoras* (século II d. C.)

Confúcio

(551 a. C.–479 a. C.)

«Não faças aos outros aquilo que não queres que te façam a ti.»

Os Analectos, 15.23

Confúcio nasceu num clã nobre, mas o seu pai morreu novo, deixando a família com um lugar na sociedade, mas com pouco com que viver. O jovem Confúcio desenvolveu a sua reputação de ser versado no ritual clássico e nas práticas religiosas. Quando era mais velho, viajou até ao local de nascimento do seu pai, Lu (na atual província de Shandong), onde começou a trabalhar para diferentes famílias aristocráticas e, ao longo dos anos, assumiu vários papéis oficiais.

O sucesso de Confúcio fez com que os seus rivais conspirassem para a sua queda e, em 497 .C., deixou Lu. Durante os doze anos seguintes, andou de corte em corte, em busca de um governante benevolente preparado para seguir a sua orientação e, pelo caminho, juntou um corpo de discípulos. Regressando a Lu, passou os seus anos finais a ensinar. Após a sua morte, esses discípulos compilaram *Os Analectos*, como registo das crenças do seu mestre.

A imagem emergente mostra Confúcio como um grande professor moral, que advogava um sistema de prática ritual demonstrador de como as formas sociais ideais poderiam regular o comportamento individual; que desenvolvia um sistema ético fundamentado num conjunto claro de virtudes pessoais; e formulava uma abordagem à política e à sociedade baseada na família e no Estado. *Os Analectos* enfatizam a importância de um vasto leque de características, incluindo a benevolência, a retidão, a sensatez e a confiabilidade, mas, quando lhe é pedido que nomeie apenas uma, Confúcio opta pela reciprocidade — o que explica a citação acima, uma versão alternativa da «regra de ouro», ainda presente através de culturas e ao longo do tempo.

Protágoras

(c. 490 a. C.–c. 420 a. C.)

«O homem é a medida de todas as coisas.»

Citado em Platão, *Teeteto*

Protágoras nasceu em Abdera, uma importante colónia na costa da Trácia, mas era uma visita regular de Atenas. Foi aí que se tornou um dos sofistas mais conhecidos — estudiosos que, mediante pagamento, ensinavam aqueles que desejavam fazer carreira na vida pública, através da arte da retórica.

A sua afirmação «O homem é a medida de todas as coisas» é a primeira expressão do relativismo — a crença em que não existem padrões externos e objetivos, mas, em vez disso, que os indivíduos deverão julgar por si mesmos aquilo que veem e sentem. Embora tal possa parecer pouco controverso nalgumas áreas — só a pessoa é que sabe se acha a refeição que partilha deliciosa, por exemplo —, se começarmos a aplicar a mesma lógica à justiça, à virtude ou à verdade, alguém poderá sair prejudicado. Apesar disto, segundo Protágoras, nada era intrinsecamente bom ou mau — e, ainda mais, era inútil confiar nos deuses para determinar o certo e o errado, pois não havia prova de que sequer existissem.

É apenas um pequeno passo do sofista à sofística, com todas as suas modernas conotações negativas e, apesar de Protágoras ser reputadamente honesto e bem-intencionado, as suas ideias estavam sujeitas ao abuso por parte daqueles que desejassem que uma má causa parecesse boa. Por esta razão, as suas ideias foram mais tarde postas em causa por Sócrates no *Protágoras* de Platão, um dos diálogos socráticos, e ridicularizadas pelo dramaturgo cómico Aristófanes, em *As Aves*. No entanto, ninguém poderá negar que foi Protágoras quem iniciou o agnosticismo e o relativismo.

Não deixou livros escritos, não fundou qualquer escola de filosofia, mas, apesar disso, Sócrates é geralmente visto como o pai fundador da filosofia ocidental. Isto acontece por ele ter sido o primeiro a afastar a filosofia da especulação acerca das origens do universo e a voltá-la para o estudo dos preceitos éticos e morais que estão na base do comportamento humano.

A maior parte da nossa informação acerca das opiniões de Sócrates — ou melhor, do seu método para chegar a opiniões — advém de Platão, seu concidadão ateniense, peso-pesado filosófico, que foi um dos seus discípulos. Nos livros de Platão, são-nos apresentados os diálogos entre Sócrates e uma série de diferentes pessoas, com o intuito de explorar as crenças acerca de conceitos fundamentais como a justiça, a coragem, a moderação, a sensatez e a devoção — às quais Sócrates se refere como «virtudes». De acordo com Platão, Sócrates afirmava nada saber; mas nunca era esse o seu propósito. Pelo contrário, pretendia desafiar as pessoas a defenderem as suas ideias de uma forma lógica. O seu papel era expor as contradições e as falhas nos seus argumentos. Depois, após a falsa lógica ter sido afastada, as pessoas estariam em posição de descobrir definições das virtudes universalmente aplicáveis, as quais constituiriam os fundamentos do mais profundo bem moral.

A vida justa era a chave, mas a sua infinda contestação das crenças populares colocou Sócrates em rota de colisão com o Estado ateniense. Julgado e considerado culpado de introduzir novos deuses e corromper a juventude, optou por beber a cicuta e morrer.

Sócrates

(c. 470 a. C.–399 a. C.)

«A vida não examinada não vale a pena ser vivida.»

Citado em Platão, *Apologia de Sócrates*

Platão

(c. 427 a. C.–347 a. C.)

«O sentimento do filósofo é de espanto, e a filosofia começa pelo espanto.»

Teeteto

Nascido em Atenas numa família influente, Platão poderia ter seguido uma carreira política, mas, a partir do momento em que se tornou discípulo de Sócrates, tudo mudou. Compreensivelmente revoltado com o julgamento e a condenação do seu professor, Platão abandonou Atenas durante mais de uma década. No seu regresso, estabeleceu a Academia, onde as ideias filosóficas, matemáticas e científicas eram estudadas para ajudar a encontrar formas de viver uma vida equilibrada e estabelecer um Estado justo.

A maioria das obras de Platão são diálogos, nos quais Sócrates pretende descortinar a verdade no âmago de qualquer discussão, interrogando diversos interlocutores. Com o seu rigoroso e desafiador método de inquirição, Platão forneceu um enquadramento que influenciou a filosofia ocidental desde então.

Acreditava que os objetos terrenos são apenas pálidas imitações das suas perfeitas versões imutáveis, chamadas «formas», ou «ideias». Os seres humanos são como prisioneiros acorrentados numa caverna, vendo o mundo apenas através das sombras projetadas nas suas paredes. O papel do filósofo é conduzir aqueles que são capazes de compreender até à luz do verdadeiro conhecimento. O mesmo que acontece com os objetos terrenos e as formas perfeitas aplica-se ao corpo e à alma imortal, que pode existir de modo independente. A alma é constituída por três partes: uma que satisfaz as necessidades básicas, uma que reage às qualidades ativas e outra que representa o intelecto. Uma mente sábia mantém as três partes em equilíbrio. E as partes correspondem às classes sociais: governantes, soldados e gente comum. Para que haja uma sociedade harmoniosa e justa, cada classe deverá saber o seu lugar, com os filósofos a aconselharem os governantes no cumprimento do seu papel.

Diógenes

(c. 400 a. C.–323 a. C.)

«Procuro um homem.»

Diógenes Laércio, *Vidas de Filósofos Eminentes* (século III d. C.)

Tendo sido exilado da sua terra natal de Sinope (agora na Turquia), Diógenes dirigiu-se a Atenas, onde se tornou discípulo do filósofo Antístenes, que estudara por sua vez com Sócrates. Juntos, Antístenes e Diógenes fundaram a escola de pensamento filosófico conhecida como cinismo.

Embora não existam registos contemporâneos, temos infindas histórias acerca do ostensivo desprezo de Diógenes pelos confortos mundanos, já para não falar dos polimentos sociais. Diz-se que vivia num tonel, «como um cão» (em antigo grego, *kunikos*, daí cínico), e que não se inibia de urinar em público. Ao ouvir Platão definir o homem como bípede sem penas, presenteou o eminente filósofo com uma galinha depenada. Quanto à citação acima, diz-se que Diógenes andava por Atenas em plena luz do dia com uma lanterna; quando lhe perguntavam porquê, dizia que andava à procura de um homem honesto.

Por detrás destas excentricidades, ocultam-se os princípios fundamentais do cinismo, com a sua ênfase na autossuficiência e no ascetismo, para alcançar a clareza mental necessária a viver uma vida natural e florescer. Diógenes sentia que as pessoas tinham sido aliciadas para viver mal, influenciadas pelos ditames da civilização, e que, em vez disso, deviam regressar à base, comendo quando tivessem fome, dormindo quando estivessem cansadas e, em geral, ignorando as convenções. Com o tempo, esta vertente desvaneceu-se, permanecendo a definição moderna de um cínico alguém que vê as outras pessoas como sendo motivadas exclusivamente por interesses egoístas.

Aristóteles

(384 a. C.–322 a. C.)

«Todos os homens, pela sua natureza, desejam conhecer.»

Metafísica

Nascido em Estagira, na Macedónia, Aristóteles ingressou com dezassete anos na Academia de Platão, em Atenas. Passou lá vinte anos, primeiro como estudante e, depois, como professor.

As suas obras que nos chegaram surgiram como apontamentos sobre uma larga série de matérias, incluindo lógica, metafísica, ética, ciência política, retórica e poesia, já para não mencionar a biologia marinha. Além de adquirir conhecimento pormenorizado em áreas específicas, Aristóteles desenvolveu um sistema, com aplicação geral, de raciocínio lógico, retirando conclusões de premissas assumidamente verdadeiras; por exemplo: «todos os homens são mortais; Sócrates é homem; logo, Sócrates é mortal». Quanto à metafísica e aos próprios aspetos fundamentais da existência, concluiu que todas as coisas têm «substância», compreendendo tanto matéria como forma — afastando-se de Platão, que via as duas como separadas — uma abordagem que inspirou os pensadores religiosos medievais. Em termos de ética, a única forma de atingir a felicidade é através da moderação, «do meio-termo de ouro», entre os extremos do excesso e da carência. A ética conduzia diretamente à política, que consistia em assegurar a felicidade individual numa sociedade alargada, encontrando esse fugidio meio-termo.

Mêncio

(371 a. C.–289 a. C.)

«Sempre que, na conduta de alguém, o altruísmo é vigorosamente exercido, a humanidade não tem de se procurar longe, mas ali mesmo.»

O Livro de Mêncio, 7A.4

Como Confúcio, Mêncio nasceu na Província de Shandong e algumas fontes afirmam que estudou mesmo com um neto do primeiro. A verdade é que é referido como o «Segundo Sábio» do confucionismo. Viveu durante o período dos Estados em Guerra (475–221 a. C.), em que os senhores rivais disputavam o controlo da China.

Durante muitos anos, Mêncio viajou pelo país, procurando um governante que adotasse as práticas morais e políticas do confucionismo. Baseava o seu sistema ético na crença de que as pessoas nascem boas e assim permaneceriam, se lhes fossem dadas as condições adequadas para florescerem. Desde que os governantes garantissem a segurança, seguir-se-ia o crescimento moral. Como Confúcio, Mêncio sublinhava a importância da generosidade de espírito, o sentido do dever, a polidez e o amor por aprender. Oferecia também conselhos práticos sobre tudo, desde a política externa à tributação e aos projetos de edifícios públicos. Infelizmente, nunca encontrou o seu governante ideal, mas, durante esse percurso, as conversas que manteve com os candidatos, e com os seus discípulos, foram registadas após a sua morte em *O Livro de Mêncio* — um dos «Quatro Livros» do confucionismo.

Chuang Tzu

(c. 370 a. C.–286 a. C.)

«Uma vez, Zhuang Zhou sonhou que era uma borboleta, uma borboleta que pairava e esvoaçava, contente e fazendo o que lhe apetecia. Não sabia que era Zhuang Zhou. De repente, acordou e ali estava ele, o sólido e inconfundível Zhuang Zhou. Mas não sabia se era o Zhuang Zhou que sonhara ser uma borboleta, ou uma borboleta que sonhara ser Zhuang Zhou. Entre Zhuang Zhou e uma borboleta, deve haver alguma distinção! A isto chama-se a Transformação das Coisas.»

Chuang Tzu

Nada se sabe acerca da sua vida a partir de fontes contemporâneas, mas atribui-se a Chuang Tzu (cujo nome também aparece como Zhuang Zhou) ter escrito parte, se não o todo, do *Chuang Tzu*, o qual, juntamente com o *Tao Te Ching*, fornece a base textual e filosófica do pensamento taoista.

O taoismo foca-se no lugar do indivíduo na natureza e não na sociedade, com cada pessoa a tentar adaptar-se aos ritmos do mundo natural e, assim, seguir o Tao, ou a Via. Chuang Tzu ensinava que tudo o que possa ser conhecido ou dito *acerca* do Tao nunca poderá *ser* o Tao, pois o Tao não tem começo nem fim. A vida é a contínua transformação do infinito e todo abrangente Tao, no qual os acontecimentos tomam o seu curso e em que uma situação não pode ser mais valorizada do que outra.

O relativismo de Chuang Tzu encontra expressão no seu famoso sonho da borboleta, em que não existe nenhuma voz omnisciente nem independente que permita julgar entre perspetivas opostas. Esta constatação deverá encorajar as pessoas a prestarem menos importância às convenções sociais e a binários como o certo e o errado, o eu e os outros e a vida e a morte. Sem gastar energia emocional nas preocupações deste género, sem ideias nem objetivos pré-concebidos, torna-se possível uma reação mais espontânea. E isso aplica-se tanto às borboletas como aos seres humanos.

Nascido em Samos, de pais atenienses, Epicuro ensinou na Ásia Menor antes de estabelecer a sua própria escola, o Jardim — assim chamado por razões óbvias — em Atenas. Ao que parece, havia uma tabuleta na entrada que dizia: «Estranho, aqui farás bem em demorar-te; aqui, o nosso maior bem é o prazer».

Epicuro defendia que o derradeiro objetivo dos seres humanos é a felicidade, pela qual entendia a ausência de dor física e de inquietação mental. Identificava o medo da morte e do subsequente castigo como as principais causas de ansiedade, que por sua vez causava desejos irracionais e extremos que afastassem o aziago dia. Empirista empenhado, tinha a certeza de que a observação direta e a dedução eram as únicas coisas necessárias para explicar o mundo, não deixando espaço para seres transcendentes que controlassem as vidas humanas, nem para almas que sobrevivessem após a morte. Depois de os medos e os desejos insensatos serem eliminados, tinha a certeza de que as pessoas ficariam livres para perseguir prazeres mais modestos e alcançáveis, desfrutando assim da paz de espírito que se seguiria.

Para Epicuro, a amizade era um dos maiores prazeres da vida e os desejos «naturais», como a comida e o abrigo, eram mais valiosos do que os desejos «vãos», como a riqueza e o poder, sendo objetivos atingíveis, que ofereciam a todos uma forma prática de florescer aqui e agora.

Epicuro

(341 a. C.–270 a. C.)

«A morte, o mais pavoroso dos males, nada é para nós, pois quando somos, a morte ainda não veio e, quando a morte vem, já não somos.»

Diógenes Laércio,
Vidas de Filósofos Ilustres
(século iii d. C.)

Zou Yan

(c. 305 a. C.–240 a. C.)

«Primeiro, teve de examinar todos os pequenos objetos e, a partir destes, retirou conclusões acerca dos grandes, até atingir aquilo que não tinha limite.»

Sima Qian, *Shiji*

(final do século II a princípio do século I a. C.)

Zou Yan foi outro filósofo chinês da Província de Shandong, que ocupou a ribalta durante o conturbado período dos Estados em Guerra (474–221 a. C.). Sendo um importante membro da escola de pensadores «naturalistas», ou *Yin-Yang*, que se ocupavam da metafísica e das ciências naturais, estava interessado no funcionamento que sustentava a relação entre o mundo humano e o cosmo.

O *yin* e o *yang* eram duas forças complementares, naturalmente harmoniosas, que controlavam a eclosão e o fluxo do cosmo. O *yin* estava associado ao mundo humano e às qualidades femininas: suavidade, escuridão, submissão, frio; ao passo que o *yang* estava associado aos céus e a um conjunto de correspondentes qualidades masculinas: aspereza, luz, domínio, calor. O cosmo como um todo era uma entidade perene essencial, mas nunca estática; pelo contrário, era uma interação dinâmica entre *yin* e *yang*, com as suas qualidades em constante fluxo — o inverno conduz ao verão, a noite ao dia, etc.

Zou Yan combinava o *yin* e o *yang* com outro conjunto de forças. Conhecidas como os «Cinco Poderes» — a madeira, o fogo, a terra, o metal e a água — que tinham as suas próprias qualidades. Ao nível cosmológico, também elas participavam na constante dinâmica que determinava os ritmos da vida. Assim, a madeira era essencial na primavera, mas, quando se aproximava o verão, o poder do fogo crescia, seguido no verão tardio pela terra, no outono pelo metal e no inverno pela água. Não apenas o mundo natural, mas também vários aspetos do comportamento humano — como a ascensão e a queda das dinastias — poderiam ser explicados pela influência dessas forças, estando o cosmo inteiro enraizado neste sistema de correlações.

Séneca

(c. 4 a. C.–65 d. C.)

«O fogo é o teste do ouro; a adversidade, o dos homens fortes.»

«Sobre a Providência», *Ensaios Morais*

Foi durante o seu exílio na Córsega que o estoico Lucius Annaeus Seneca escreveu ensaios morais sobre tópicos como a providência, a constância, a vida feliz, a virtude, a raiva, a tranquilidade e o perdão, bem como mais de uma centena de cartas que discutiam questões éticas, todas relacionadas com as suas próprias experiências pessoais. Dava sempre relevo ao autocontrolo, certo de que ninguém poderia ser considerado grande até que aprendesse a dominar-se a si próprio e aos seus desejos. Os desaires deveriam ser tratados como testes que nos fortalecem, ao passo que as emoções fortes são armadilhas que nos escravizam.

Voltou a ser chamado a Roma para ser tutor do jovem Nero e depois, quando Nero se tornou imperador, em 54 d. C., assumiu o cargo de conselheiro. Durante alguns anos, tudo correu bem, mas mostrou ser impossível conservar a instável confiança do imperador e, apesar de Séneca se retirar da vida pública em 62 d. C., três anos mais tarde Nero ordenou-lhe que cometesse suicídio. Seguindo desta vez os seus princípios estoicos, Séneca cortou calmamente as veias, bebeu veneno e, só para ter a certeza, saltou para dentro de um banho a ferver.

Marco Aurélio

(121 d. C.–80 d. C.)

«Nada acontece a uma pessoa que esta não possa naturalmente suportar.»

Meditações, V.18

O imperador romano Marco Aurélio, o último grande filósofo estoico, viveu durante uma das piores pestes da história europeia, que se pensa ter reclamado as vidas de cerca de cinco milhões de pessoas, possivelmente mesmo a sua. Ao mesmo tempo, havia instabilidade nas áreas norte e oriental do império, o que significava que o imperador tinha também de enfrentar problemas militares.

Foi com este tenso pano de fundo que escreveu as suas *Meditações*, inspirando-se nas ideias estoicas para encontrar formas de lidar com as repercussões físicas e mentais da doença, da ansiedade e da perda. Marco Aurélio sublinhava a importância de distinguir entre as coisas que não podem ser controladas, pelo que entendia os acontecimentos, e as coisas que podem, que entendia como as nossas respostas a esses acontecimentos. Para ele, a forma da resposta cabe-nos a nós e, a partir do momento em que aprendemos — através da sabedoria, da paciência e da autodisciplina — a suportar a tempestade, não há nada com que não consigamos lidar.

Santo Agostinho de Hipona

(354 d. C.–430 d. C.)

«Dai-me castidade e continência — mas ainda não!»

Confissões

Nascido no Norte de África de uma mãe cristã e de um pai pagão, Agostinho aplicou os seus conhecimentos iniciais de filosofia clássica ao crescente interesse que tinha pela doutrina cristã, tornando-se um dos pensadores mais influentes da Igreja ocidental.

Experimentou diferentes abordagens filosóficas na sua busca do verdadeiro caminho, passando pelo maniqueísmo, que via o mundo como uma luta constante entre o bem e o mal, e pelo ceticismo, que se concentrava em considerar ambos os lados de um argumento para evitar assumir uma atitude dogmática, antes de se decidir pelo neoplatonismo, que tentava justificar as óbvias discrepâncias entre um mundo imperfeito e uma mente perfeita e aperfeiçoável. Daí, foi um curto passo até Deus: Agostinho converteu-se ao cristianismo em 387, foi ordenado sacerdote em 391 e tornou-se bispo de Hipona, na Argélia, em 396.

As suas *Confissões* são, ao mesmo tempo, uma autobiografia espiritual e uma original obra filosófica, com interessantes ideias acerca da natureza do tempo (está tudo na mente). No seu posterior livro, *A Cidade de Deus*, compara o reino celestial à Cidade dos Homens, sendo a primeira eterna e acessível pelo intelecto e a segunda efémera e sempre à mercê dos mais baixos instintos humanos. As duas coexistem na terra, com a Igreja a representar a Cidade de Deus, oferecendo a salvação àqueles que seguem as regras. E essas regras incluem que se evite a luxúria — daí a bem conhecida citação da autobiografia de Agostinho.

Boécio

(c. 480 d. C.–524 d. C.)

«Nada é uma desgraça a não ser aquilo que se pensa ser e, ao contrário, todo o estado é feliz se aquele que o suporta estiver satisfeito.»

A Consolação da Filosofia

O filósofo e estadista romano Anicius Manlius Severinus Boethius faz a ligação entre os filósofos da antiga Grécia e os teólogos da Europa medieval.

Membro do Senado em Roma, foi nomeado cônsul em 510 e, depois, chefe dos ministros com Teodorico, rei dos Ostrogodos e senhor de Itália. Contudo, em 523, caiu em desgraça, acusado de traição e, um ano depois de estar preso em Pavia, foi morto. Foi durante o seu encarceramento que escreveu *A Consolação da Filosofia*, um diálogo entre a personificação da Filosofia e o autor, que ficara desgostado com a sua mudança de sorte e com a injustiça de um mundo onde os maus prosperam à custa dos bons. À medida que as suas conversas progridem, a Filosofia explica que tudo é uma questão de perspetiva. A fortuna mundana é efémera e a verdadeira felicidade nunca poderá ser alcançada através da busca do poder ou do prazer. Apenas abraçando a virtude, que se mantém constante, e agindo bem, se pode atingir o bem perfeito — ou Deus.

Durante um milénio, *A Consolação* foi, juntamente com a Bíblia, um dos livros mais lidos e o seu autor o mais eminente escritor filosófico e teológico do mundo falante de latim.

Avicena — do árabe Ibn Sina — foi, simultaneamente, um grande filósofo e um grande médico. Na verdade, via a filosofia como a cura da ignorância, intitulando uma das suas principais obras *O Livro da Cura*. Nascido no atual Uzbequistão, perto de Bucara, um importante centro de cultura e comércio na Rota da Seda, tinha acesso a bibliotecas bem providas, nomeadamente aos textos de Aristóteles.

Avicena pegou em elementos de Aristóteles e também de pensadores clássicos posteriores, juntando-os ao islamismo, tanto nas suas vertentes teológicas como místicas, formando um sistema coerente que cobria todas as áreas da vida. Via os vários ramos do conhecimento filosófico como um todo unificado que deveria ser constantemente acrescentado e estava interessado na capacidade das pessoas para adquirirem esse conhecimento racionalmente, sugerindo a este respeito o primado da alma. Muçulmano devoto, identificava aquilo a que chamava o «existente necessário» — uma entidade abrangente que não pode *não* existir e que é essencial para tudo o resto. E o existente necessário é Deus, sem o qual não haveria chama na lamparina.

Quer concordassem com ele ou não, Avicena estabeleceu a agenda intelectual no Oriente, sendo as suas perspetivas fundamentais para o posterior desenvolvimento da filosofia, da ciência e da religião. A partir do século XII, as traduções latinas da sua filosofia surgiram no Ocidente, influenciando os académicos medievais e renascentistas, e o seu *Cânone da Medicina* foi usado nas escolas médicas europeias até ao século XVII.

Avicena

(980–1037)

«A alma é como uma lamparina,
e o conhecimento é a luz,
e a sabedoria de Deus é o azeite.
Se estiver acesa, estás vivo e,
se estiver apagada, estás morto.»

Zhang Zai

(1020–1077)

«O Céu é o meu pai e a Terra é a minha mãe, e mesmo uma pequena criatura como eu encontra lugar no meio deles. Assim, vejo aquilo que se estende pelo universo como o meu corpo e aquilo que dirige o universo considero ser a minha natureza. Todas as pessoas são meus irmãos e irmãs e todas as coisas são minhas companheiras.»

«Inscrição Ocidental»

Zhang Zai nasceu em Hengqu, na Província de Shaanxi e, quando era jovem, estudou as obras de Confúcio. Abandonou-as depois, a favor dos ensinamentos budistas e taoistas, convencido de que lhe mostrariam a maneira correta de viver. No final, regressou a Confúcio, embora o seu pensamento fosse agora moldado pelo budismo e pelo taoismo, tornando-se uma das primeiras forças por detrás do renascimento neoconfucionista da dinastia Song.

Segundo Zhang, todas as coisas no mundo são compostas por *chi*, uma substância primordial que inclui tanto a matéria como as forças que determinam a inter-relação entre matéria, *yin* e *yang*. O *chi* não é criado nem destruído; em vez disso, passa por um contínuo processo de condensação (*yin*) e dispersão (*yang*). Quando é disperso, torna-se invisível e insubstancial, mas, quando se condensa, torna-se um sólido, ou um líquido, e assume novas propriedades. Todas as coisas materiais são compostas por *chi* condensado: as pedras, as árvores e mesmo as pessoas. Tudo é *chi*, tudo partilha a mesma essência, o que constitui uma ideia com importantes implicações éticas, distinguindo a abordagem de Zhang do foco budista no desenvolvimento espiritual pessoal divorciado deste mundo.

Em 1076, Zhang terminou a sua principal obra, *Corrigindo a Ignorância*, e apresentou-a aos seus seguidores. A curta declaração conhecida como «Inscrição Ocidental» — assim chamada por estar exposta na parede ocidental do seu gabinete — fazia originalmente parte de uma obra maior. Nela, ao afirmar a unidade essencial de todas as coisas e o sentido da mútua responsabilidade que tal implica, Zhang sintetizava a principal posição ética do neoconfucionismo.

Averróis

(1126–1198)

**«A verdade não se opõe
à verdade, mas concorda
com ela e dela dá testemunho.»**

Tratado Decisivo

Averróis — do árabe Ibn Rushd — nasceu em Córdova, no extremo ocidental do mundo islâmico, numa família de distintos juristas. Também ele se tornou juiz, primeiro em Córdova e, depois, em Sevilha, antes de se estabelecer em Marraquexe, onde foi médico do califa. Escreveu sobre uma série de assuntos, incluindo jurisprudência e medicina, mas é pela sua contribuição filosófica que é mais conhecido atualmente.

Baseando-se em traduções árabes, Averróis produziu sínteses e comentários detalhados sobre as obras de Aristóteles. O seu objetivo era apresentar a versão mais autêntica possível do pensamento aristotélico, para poder contrariar os ataques contra a filosofia como um todo por parte dos juristas e teólogos islâmicos, cujos argumentos, sentia, se baseavam em interpretações erradas.

Para Averróis, não havia um conflito intrínseco entre a filosofia e o Corão, pois ambos revelavam a verdade e, portanto, apoiavam-se entre si; além disso, os muçulmanos inteligentes e íntegros tinham um dever positivo de estudar filosofia, pois tal só poderia acrescentar a sua fé. Quanto aos outros, ou seja, a gente comum, só precisavam de saber que o Islão era a melhor de todas as religiões e que, em linha com a ética aristotélica, produz a maior das felicidades, através do conhecimento de Deus.

Zhu Xi

(1130–1200)

«Se alguém pudesse verdadeiramente praticar o amor e conservá-lo, possuiria a fonte de todas as virtudes e a raiz de todas as boas ações.»

«Tratado sobre a Humanidade»

Zhu Xi nasceu na Província de Fujian e, aos dezanove anos, passou os exames imperiais para entrar no serviço público. Sendo um académico confuciano, prosseguiu até se tornar um dos neoconfucianos mais influentes na China e para lá dela, espalhando-se a sua influência à Coreia, ao Japão e ao Vietname. Enquanto outros estudiosos se focavam apenas nos «Cinco Clássicos» de Confúcio, e em particular no *I Ching*, Zhu escreveu comentários sobre os posteriores «Quatro Livros» — *Os Analectos*, *O Livro de Mêncio*, *O Grande Conhecimento* e *A Doutrina do Meio* — considerando-os fundamentais para uma compreensão mais clara do pensamento confuciano.

Para Zhu, a ética confuciana centrava-se no cultivo e na prática da *ren* (humanidade), que definia como «o carácter essencial do espírito» e «o padrão essencial do amor». No «Tratado sobre a Humanidade», liga a *ren* à ânsia cósmica de criar, sugerindo que todas as preocupações humanas resultam do impulso criativo do céu e da terra. Isto, diz ele, é evidente no ciclo das estações e na produtividade da natureza, na forma como sustentam a vida. A ânsia para criar existe por todo o lado, mas apenas nos humanos é destilada como *ren*, a qual, quando completamente realizada, significa cuidar e agir responsavelmente em relação aos outros.

É atribuído a Zhu ter regressado à preocupação original de Confúcio com o cultivo e a prática da ética individual, após anos de uma abordagem mais burocrática e carreirista por parte de gerações aprovadas nos exames confucianos.

Dogen

(1200–1253)

«Estudar o eu é esquecer o eu: esquecer o eu é ser-se iluminado por todas as coisas.»

«Genjokoan», *Shobogenzo*

Fundador da escola Soto do budismo zen e do Templo Eihei, os quais continuam a florescer, Dogen é o principal filósofo e também um dos pensadores mais influentes do Japão. O *zen* tem as suas raízes na Índia, o lar original do budismo, e na China, onde o dominante budismo *mahayana* foi introduzido no século VI d. C., misturando-se com o existente taoismo, para criar o budismo *chan*. Difundiu-se depois pela Coreia, pelo Vietname e pelo Japão — «zen» é a pronúncia japonesa de «chan», que significa «meditação».

Quando era um jovem monge, Dogen não conseguia entender a razão pela qual era necessário tratar a prática religiosa como uma penosa e incansável via para a iluminação, uma vez que, como o budismo *mahayana* defende, a natureza de Buda está já presente, perfeita e completa, em cada um de nós. A sua resposta consistiu em ver a prática não como uma forma de atingir a natureza de Buda dentro de nós, mas de revelá-la. Com isto em mente, ensinava a meditação *zazen* (apenas sentar). Os discípulos de Dogen deveriam sentar-se silenciosamente sem qualquer outro fim em mente senão abraçar a iluminação que sempre tinham possuído.

Na coleção de ensaios, ou fascículos, conhecida como *Shobogenzo* («Tesouro do Verdadeiro Olho do Dharma»), a abordagem de Dogen à iluminação toma uma dimensão filosófica, uma vez que tem profundas implicações tanto para a relação entre o tempo e a existência, como para a natureza da estabilidade e da mudança no mundo.

Roger Bacon

(c. 1220–1292)

«Há dois modos de adquirir conhecimento, nomeadamente, pelo raciocínio e pela experiência.»

Opus Majus (1267)

Roger Bacon estudou e, mais tarde, ensinou nas universidades de Oxford e Paris, ambas importantes centros académicos da altura. Ensinou Aristóteles em Oxford e, em Paris, acrescentou a aritmética, a geometria e a astronomia ao seu reportório.

Por volta de 1247, Bacon regressou a Oxford, interessado em desenvolver o seu interesse pelas línguas e pela ciência experimental. Em 1257, apesar de ser um monge franciscano, não via isso como impedimento para a sua pesquisa, o que foi confirmado pelo pedido, em 1266, do Papa Clemente IV, para que concebesse um programa de estudos universitários que englobasse a filosofia, a ciência e as línguas, com o objetivo de consolidar o ensino teológico da Igreja e, dessa forma, a sua autoridade.

Na resultante *Opus Majus* (1267), Bacon anunciava as virtudes da ciência experimental, com a sua capacidade para descobrir novas verdades e verificar conclusões. Em vez da autoridade desatualizada, do hábito e da ignorância, propunha experiências que incluíam o cálculo da posição dos corpos celestes, reformando o calendário e criando telescópios. Identificou também o espetro das cores, discutiu o fabrico da pólvora e esboçou a possibilidade de máquinas voadoras. Este acesso de excitação, contudo, foi breve. O Papa morreu em 1268 e, com ele, o entusiasmo da Igreja pela reforma educativa. Em 1278, a obra de Bacon, agora considerada como contendo «novidades suspeitosas», levou à sua prisão. E lá se foi a parceria entre a religião e a ciência...

Nascido numa família nobre, Tomás de Aquino foi educado no mosteiro beneditino de Monte Cassino e na Universidade de Nápoles. Juntou-se depois aos dominicanos e prosseguiu os seus estudos em Colónia e Paris, antes de o Papa Alexandre IV o convidar a regressar para ensinar em Itália.

No século XII, as novas universidades — a de Paris foi fundada em 1150 e a de Oxford em 1167 — eram centros florescentes de ensino, independentes dos estabelecimentos religiosos. Isto coincidiu com o reaparecimento no Ocidente das obras de Aristóteles, traduzidas a partir dos comentários árabes de Avicena e Averróis. Enquanto o cristianismo procurava o conhecimento através da fé e da revelação divina, Aristóteles preferia o raciocínio. Aquino combinou ambos num sistema que se mantém no coração da filosofia cristã.

Aceitava que fé e razão eram separadas, mas considerava-as complementares. Enquanto doutrinas específicas, como a Trindade e a Incarnação, eram reveladas através da fé. Aquino identificava «cinco vias», ou provas, da existência de Deus na *Summa Theologica* (1265–1274), usando a lógica aristotélica. Deus é o «primeiro motor», provocando o movimento nos outros; a causa primeira, provocando todas as outras coisas; o ser necessário e não-contingente, que precede a existência de todas as coisas contingentes; o ser maior do qual as coisas menores derivam a sua relativa grandeza; e o arquiteto inteligente que dirige as ações das coisas não-inteligentes. Além disso, existiam cinco afirmações acerca da natureza divina de Deus, quatro virtudes cardeais e três virtudes teológicas. Tudo organizado.

Tomás de Aquino

(1225–1274)

«Foi assim necessário, para a salvação do homem, que certas verdades, que excedem a razão humana, tenham de lhes ser dadas a conhecer pela revelação divina.»

Summa Theologica (1265–1274)

Guilherme de Ockhan

(c. 1287–1347)

«Que não se presuma existir mais do que o estritamente necessário»

O monge franciscano Guilherme de Ockham foi, como Tomás de Aquino, uma grande figura filosófica durante a Idade Média, prosseguindo os debates em torno de Aristóteles e da escolástica.

Hoje em dia, o nome de Guilherme é mais habitualmente associado à máxima da navalha de Ockham, que basicamente declara que as explicações deverão ser mantidas o mais simples possível. Não há nada que sugira que tenha sido Guilherme o primeiro a propor esta ideia, ou que tenha usado a exata formulação aqui apresentada, mas esta adequa-se bem à abordagem filosófica pela qual é mais conhecido: o nominalismo metafísico.

Na *Summa Logicae* (c. 1323), contesta a crença de Aristóteles na existência de essências universais ou formas, considerando-as sem fundamento e complicações desnecessárias quando se trata de compreender o mundo. Em vez disso, Guilherme via apenas substâncias individuais e qualidades individuais, de que as pessoas se apercebem através de uma «cognição intuitiva». Qualquer pessoa que pense acerca de grupos de coisas poderá usar termos gerais, mas estes são apenas constructos mentais, meros nomes — daí o nominalismo (do latim *nomen*, que significa «nome»). Guilherme acreditava também que não havia forma de a lógica poder demonstrar a existência de Deus, independentemente do que a Igreja dissesse. Para ele, a crença era uma questão de fé — e ele tinha essa fé. Mais uma vez, a regra era a da simplicidade.

Desidério Erasmo

(c. 1469–1536)

«Serás sensato na prosperidade, quando tudo corre como desejas, se receares e suspeitares do pior.»

Provérbios ou Adágios (1545)

O grande académico renascentista Desidério Erasmo de Roterdão faz a ponte entre os mundos medieval e moderno. Embora se tenha juntado a um mosteiro agostiniano em 1487 e tenha sido ordenado sacerdote em 1492, cedo se desgostou com o prevalecente sistema de filosofia e teologia conhecido como escolástica, que se baseava na lógica aristotélica e nos escritos dos primeiros Pais da Igreja. O essencial era olhar para trás, a tradição e o dogma eram predominantes — a ninguém se pedia que pensasse para lá disso.

Decidindo que não fora feito para a vida monástica, Erasmo foi atraído pelos humanistas, com as suas crenças na capacidade das pessoas para evoluírem e na importância da educação. Viajou muito, ensinando, escrevendo e discutindo ideias com os mais importantes intelectuais europeus. Embora rejeitasse a escolástica, não desejava derrubar a instituição da Igreja. Pelo contrário, defendia o humanismo cristão, com as melhores tradições clássicas da análise crítica a fundirem-se com o melhor do pensamento cristão sob a forma da devoção racional — uma «filosofia de Cristo». Com isto em mente, preparou versões exatas dos textos clássicos e editou a primeira impressão do Novo Testamento em grego.

O advento da imprensa significava que Erasmo conseguia ganhar a vida através da sua erudição. Era fascinado pelos provérbios, com a sua capacidade de transmitir verdades simples de forma memorizável e o seu *Adagia* (*Provérbios ou Adágios*) surgia em versões cada vez mais alargadas. Aquele aqui citado, de uma edição de 1545, ressoa claramente através dos anos, nestes tempos de pandemia.

Yi Hwang, também conhecido como Toegye, nasceu na Província de Gyeongsang, na Coreia do Sul. A família passou por momentos difíceis quando a mãe enviuvou antes do seu primeiro aniversário, mas ela encorajou-o a estudar e ele já dominava *Os Analectos* de Confúcio ainda adolescente, preparando-se para uma carreira de serviço público. Prosseguiu depois com as obras dos neoconfucianos, sendo influenciado em particular por Zhu Xi, e não teve qualquer dificuldade em destacar-se nos exames.

Ao longo da vida, Yi Hwang esteve dividido entre o serviço governamental e o desejo de se concentrar no seu próprio desenvolvimento académico e espiritual. No final da sua vida, obteve um equilíbrio com os *Dez Diagramas da Sábia Aprendizagem* (1568), que compilou como manual de instruções sobre como atingir a sabedoria, para o rei Seonjo.

Usando os sábios do passado como modelos da melhor prática, cada um dos dez capítulos começava com um diagrama e um texto de uma dessas anteriores autoridades, concluindo depois com um breve comentário de Yi Hwang. Os primeiros cinco capítulos dedicavam-se ao exterior, cobrindo os funcionamentos do universo e da sociedade. Os últimos cinco voltavam-se para o interior e tratavam do autoaperfeiçoamento, ou a «aprendizagem da mente e do coração», cobrindo o estudo da vida interior e da prática ascética.

Yi Hwang

(1501–1570)

«A via da aprendizagem confuciana consiste em que, para ascender aos elevados cumes, é preciso começar pelos inferiores, para viajar até longe, é preciso começar pelo que está perto.»

Dez Diagramas da Sábia Aprendizagem (1568)

Yi I

(1536–1584)

«Juntando o conhecimento e a ação, unindo o interno com o externo, entra-se nos domínios da sabedoria.»

Antologia da Aprendizagem da Sabedoria (1575)

Yi I, também conhecido como Yulgok, nasceu na Província de Gangwon, na Coreia do Sul, numa família com um orgulhoso registo de serviço público. Ao contrário do seu contemporâneo mais velho, Yi Hwang, abraçou entusiasticamente uma carreira política ao longo da vida, enquanto ao mesmo tempo se afirmava como um importante pensador neoconfuciano. As diferentes atitudes dos dois homens em relação ao serviço público foram espelhadas no Debate Quatro-Sete, que dizia respeito à natureza moral da mente e das suas emoções.

Dois mil anos antes, Mêncio escrevera acerca dos «Quatro Frutos»: a compaixão, a vergonha, o respeito e o sentido do certo e do errado — as sensibilidades morais inatas que sustentavam as desejadas qualidades da benevolência, da retidão, da compostura e da sabedoria. Outros textos neoconfucianos descreviam os «sete sentimentos» que todos os seres humanos são capazes de experimentar: alegria, raiva, tristeza, medo, amor, ódio e desejo. Quando estas emoções são expressas, advém a harmonia; quando não são, o resultado é o desequilíbrio.

De acordo com Yi Hwang, enquanto os Quatro Frutos se baseavam puramente no *li* (princípio) e, assim, não podiam ser senão bons, os Sete Sentimentos, que podiam ser provocados por acontecimentos exteriores, incluíam o *chi* (força material) e eram, portanto, bons e maus. Para Yi, contudo, o princípio não pode operar sem a força material e vice-versa. Por outras palavras, favorecia uma abordagem mais prática e pragmática, que tivesse em consideração a experiência externa — ideias que integrou na sua carreira política.

Thomas Hobbes

(1588–1679)

«A vida do homem [é] solitária, pobre, feia, bruta e curta.»

Leviatã (1651)

Educado em Oxford e tutor da família Cavendish, condes de Devonshire, Thomas Hobbes tinha acesso a alguns dos principais intelectos da altura. Os seus interesses espalhavam-se largamente, mas só depois da publicação do *Leviatã* (1651) é que finalmente foram reunidos todos os seus pensamentos sobre metafísica, psicologia e filosofia política.

Materialista, Hobbes via o mundo como um sistema mecânico contendo corpos em movimento, conduzidos por forças de atração e repulsão; isto pode ser também aplicado ao comportamento humano, determinando aquilo a que chamamos bem e mal. As pessoas são instintivamente egoístas e, deixadas ao seu próprio arbítrio, caem em disputas — com feias e brutais consequências, já para não falar da ausência das vantagens proporcionadas pela indústria, pela cultura ou pela sociedade. O interesse próprio iluminado explica a razão pela qual os direitos individuais deverão dar lugar a um contrato social que estabeleça a sociedade civil para a proteção de todos, com todos os benefícios que daí advêm. Contudo, para manter a máquina do Estado a funcionar suavemente, o poder exercido pelo soberano terá de ser absoluto — a cedência de direitos individuais aplica-se apenas à gente comum.

René Descartes

(1596–1650)

«**Penso, logo existo.**»

Discurso do Método (1637)

O ponto de partida era a dúvida: como podemos conhecer aquilo que pensamos conhecer? A evidência dos nossos sentidos é insuficiente, pois poderão estar a ser enganados. Tudo o que é certo é que estamos a pensar: *cogito ergo sum* — penso, logo existo. Descartes deduziu que todas as ideias claras como esta deverão ser verdadeiras, pois, caso contrário, o *cogito* seria falso. Incluído entre essas ideias claras estava Deus, o qual, como ser perfeito, não nos enganaria quanto à materialidade do mundo externo. Apenas a razão permite a Descartes chegar a esta conclusão. A um nível menos elevado, argumenta que, embora as propriedades da cera mudem quando é derretida, permanece cera. O facto de esse conhecimento provir da mente, e não dos sentidos, capta o conceito do dualismo: a separação entre a mente imaterial, pensante, e o corpo material, mecânico.

Apesar de toda a sua racionalidade, Descartes não se mostrou muito racional quando a Rainha Cristina o convidou para Estocolmo. A rainha sueca queria ter as lições de filosofia às cinco da manhã, em pleno inverno. Descartes contraiu uma pneumonia e morreu passados seis meses.

Blaise Pascal

(1623–1662)

«O homem não passa de um caniço, a coisa mais fraca da natureza; mas é um caniço que pensa.»

Pensamentos (1670)

A família Pascal mudou-se de Clermont-Ferrand, onde Blaise nasceu, para Paris, em 1630. Aí, foi educado pelo pai, que trabalhava como cobrador de impostos e era também um matemático altamente proficiente. A criança revelou ser uma espécie de génio, contribuindo para discussões sobre geometria euclidiana durante a adolescência, inventando uma máquina de calcular mecânica (mais tarde conhecida como pascalina) e, na sua correspondência com o correligionário matemático Pierre de Fermat, estabeleceu os fundamentos da moderna teoria da probabilidade.

Se alguma vez existiu um caniço que pensava foi Pascal. Durante uma breve vida, atormentada pela doença, não publicou quaisquer obras filosóficas, mas fez contribuições decisivas para a matemática, a física e o pensamento religioso, todas fundamentadas numa coerente linha de raciocínio filosófico. Pascal partilhava o dualismo mente-corpo do seu contemporâneo Descartes, mas não o seu racionalismo; nem favorecia o empirismo. Em vez disso, argumentava que, embora as verdades pudessem ser derivadas de verdades anteriores, os primeiros princípios em si são intuitivos e não podem ser provados. A sua resposta era o fideísmo — a ideia de que a fé é independente e superior à razão.

Publicados postumamente em 1670, os *Pensées de M. Pascal sur la religion et sur quelques autres sujets* são uma coleção de notas que formavam a sua defesa racional do cristianismo. Aqui, provavelmente, a teoria e a crença religiosa juntam-se na famosa «aposta» de Pascal, na qual sugere que é completamente racional acreditar em Deus, pois, se ele existir, poderemos aspirar a uma felicidade eterna e, caso não exista, bem... não perdemos nada.

Baruch Espinosa

(1632–1677)

«A virtude mais não é do que viver de acordo com a razão.»

Ética (1677)

Embora Baruch Espinosa ganhasse a vida como polidor de lentes, o seu verdadeiro amor era o estudo de ideias: correspondia-se com outros escritores filosóficos e científicos e produzia as suas próprias obras. Apesar de as suas opiniões serem amplamente discutidas, apenas o livro com o inócuo título *Princípios da Filosofia de Descartes* (1663) surgiu com o seu nome, durante a sua vida; o *Tratado Teológico-Político* (1670) foi publicado anonimamente e a *Ética*, o seu grande trabalho, só foi publicado após a sua morte.

Como o título latino sugere, *Ethica Ordine Geometrica Demonstrata*, Espinosa sentia que um sistema ético completo poderia ser baseado em princípios matemáticos. O livro partia de Deus, atravessava a natureza e as suas origens e ia até às emoções e ao intelecto. Nele, rejeitava o dualismo mente-corpo de René Descartes, vendo ambos como parte de uma realidade contínua na natureza, que se equaciona com o universo, que se equaciona com Deus — infinito e perfeito. Para Espinosa, Deus não é um criador pessoal, mas antes uma natureza panteísta, sem qualquer interesse pelo destino dos indivíduos. Se os humanos pensam que têm livre-arbítrio, isso deve-se a serem ignorantes acerca daquilo que causa as suas reações.

Na sua análise da abordagem mais útil à sociedade, à religião e à vida boa, Espinosa conclui que a virtude — ou seja, a felicidade e o bem-estar — não reside numa vida governada por paixões efémeras, nem pela adesão cega a superstições que se fazem passar por religião, mas antes na vida da razão.

Tendo crescido com a guerra civil em pano de fundo, John Locke foi estudar para Oxford, onde seguiu os seus interesses pela medicina e pela ciência experimental. Em 1667, começou a trabalhar com o proeminente político Lord Ashley, ao mesmo tempo como médico e conselheiro científico e político. Considerando prudente, devido às suas opiniões radicais, abandonar o país em meados da década de 1670, foi para França e, depois, para os Países Baixos, onde permaneceu até à Gloriosa Revolução de 1688, que substituiu o autocrático Jaime II pelos monarcas constitucionais Guilherme e Maria.

A primeira das principais obras filosóficas de Locke, *Dois Tratados do Governo Civil* (1689), defendia que os indivíduos têm naturalmente o direito de protegerem a sua vida, a sua saúde e a sua propriedade. Juntam-se com outros para formar governos, cujo dever é proteger esses direitos. Os governos tornam-se ilegítimos quando falham o cumprimento da sua parte do contrato; não há aqui lugar para o direito divino dos reis — a ideia de que os monarcas estão acima da lei, sendo os representantes de Deus na terra.

Tudo isto justificava a Gloriosa Revolução e teve um considerável interesse para os posteriores revolucionários, na América e em França.

John Locke

(1632–1704)

«A finalidade da lei não é abolir nem restringir, mas preservar e aumentar a liberdade.»

Segundo Tratado do Governo Civil (1689)

Gottfried Wilhelm Leibniz

(1646–1716)

«Segue-se que, da suprema perfeição de Deus ao criar o universo, escolheu o melhor plano possível, no qual existe a maior das variedades juntamente com a maior das ordens; o terreno, o lugar e o tempo com a melhor das disposições; o maior número de resultados produzidos das formas mais simples; o máximo do poder, do conhecimento, da felicidade e da bondade nas criaturas que o universo poderia permitir.»

Os Princípios da Natureza e da Graça (1714)

Gottfried Wilhelm Leibniz nasceu em Leipzig, onde o seu pai era professor de filosofia moral. Estudou filosofia nessa universidade e jurisprudência em Altdorf, antes de ser empregado pelo Eleitor de Mogúncia, em 1667. Os seus interesses variavam imenso: além de coligir leis, esboçar propostas para a unificação de protestantes e católicos e servir como correio e diplomata, desempenhava um papel ativo nos desenvolvimentos matemáticos, científicos e filosóficos da altura.

Como René Descartes e Baruch Espinosa, Leibniz preferia uma abordagem racionalista em questões filosóficas — a mente sobre a matéria. Desejoso de encontrar um sistema que reconciliasse um Deus perfeito com um mundo imperfeito, propôs o seu princípio da razão suficiente: tudo existe exatamente assim por uma boa razão.

O argumento diz que, para cada indivíduo, há um percurso completo, conhecido apenas de Deus, contendo toda a sua história. Como Deus é perfeito, cada indivíduo deverá seguir um plano perfeito. A fundamentar este sistema há aquilo a que Leibniz chama «mónadas» (do grego *monos*, que significa «só») — unidades imateriais, independentes entre si, que evoluem de uma forma pré-determinada pela sua natureza. Cada mónada é um espelho do universo e Deus, através da sua vontade, fez com que existissem.

Mary Astell

(1666–1731)

«Se todos os Homens nasceram livres, como é que todas as Mulheres nasceram escravas?»

Algumas Reflexões sobre o Casamento (1700)

Nascida em Newcastle upon Thyme numa próspera família de mercadores, Mary Astell foi educada pelo seu tio, um clérigo que estudara filosofia e teologia em Cambridge. Chegou a Londres com vinte e tal anos e cedo se integrou num grupo de mulheres livre-pensadoras, bem relacionadas, que defendiam a educação das mulheres.

Astell é sobretudo recordada como protofeminista, mas os seus interesses estão enraizados nesses primeiros estudos com o seu tio e correspondia-se com John Locke e George Berkeley sobre questões filosóficas. Na sua obra em duas partes, *Uma Séria Proposta às Senhoras* (1694, 1697), seguia René Descartes, argumentando que todo o conhecimento se baseia na razão, mas dizia que excluir as mulheres da educação as condena a serem para sempre menosprezadas como cabeças vazias; são condicionadas, não nasceram assim. A contemplação das ideias puras é a resposta, pois a sua natureza abstrata retira a mente dos sentidos para se focar no imaterial «bem». Para Astell, esse bem imaterial era Deus e, combinando a lei de Deus e a razão, as mulheres podiam aperfeiçoar a sua compreensão e, assim, libertarem-se.

Em *Algumas Reflexões sobre o Casamento* (1700), defendia que, uma vez que o contrato de casamento exigia obediência absoluta ao marido — não havia aqui contrato social — uma mulher deveria estar convencida da superioridade moral dele. Por outras palavras, escolham bem, ou não se casem.

Nascido em Kilkenny, George Berkeley foi educado no Trinity College de Dublin, tornando-se *fellow* em 1707. Manteve-se na universidade até 1713, período durante o qual foi ordenado sacerdote. As suas principais obras filosóficas — *Ensaio para uma Nova Teoria da Visão* (1709), *Tratado sobre os Princípios do Conhecimento Humano* (1710) e *Três Diálogos entre Hylas e Philonous* (1713) — foram publicadas numa fase relativamente inicial da sua carreira.

Berkeley foi um dos principais proponentes do idealismo, acreditando que os objetos materiais não existem independentemente de nós. Poderemos pensar que os percebemos, mas aquilo que estamos realmente a perceber são ideias e sensações. Não há forma de verificar a existência do que quer que seja no espaço tridimensional. Assim, quando percecionamos uma mesa, temos uma sensação mental, que é a ideia da mesa, constituída por impressões dos nossos sentidos, e nada mais. A mente é necessária primeiro: «*esse est percipi*» (ser é ser percebido), nas palavras de Berkeley. Portanto, a mesa deixa de existir se não estivermos presentes? Berkeley achava que, desde que estivesse a ser percebida, continuaria a existir e quem melhor do que Deus, que tudo vê, para desempenhar esse papel?

Com um impulso de entusiasmo religioso, Berkeley focou as suas energias em planos para estabelecer uma universidade nas Bermudas e difundir o evangelho «entre os selvagens americanos», mas os prometidos fundos não chegaram a surgir.

George Berkeley

(1685–1753)

«Todo o coro do céu e todo o fornecimento da terra — numa palavra, todos esses corpos que compõem a poderosa moldura do mundo — não têm qualquer subsistência sem uma mente.»

Tratado sobre os Princípios do Conhecimento Humano (1710)

Montesquieu

(1678–1755)

«As leis, na sua aceção mais geral, são as relações necessárias que resultam da natureza das coisas. Neste sentido, todos os seres têm as suas leis: a Divindade as Suas leis, o mundo material as suas leis, as inteligências superiores ao homem as suas leis, os animais as suas leis, o homem as suas leis.»

O Espírito das Leis (1748)

Nascido na aristocracia, no *château* da família, Charles Louis de Secondat, barão de la Brède et Montesquieu, ou, simplesmente, Montesquieu, estudou direito em Bordéus, antes de se dirigir a Paris.

O seu livro *Cartas Persas* (1721) foi publicado anonimamente com um grande sucesso e marcou o início de uma carreira literária em que formulou a sua filosofia da história política. Após três anos a visitar outros países para se familiarizar com diferentes culturas e estilos de governação, Montesquieu começou a trabalhar. Em *Considerações sobre as Causas da Grandeza dos Romanos e do seu Declínio* (1734), elogiava a Roma republicana, vendo o império como um declínio para o despotismo. Com *O Espírito das Leis* (1748), alargou o seu estudo para analisar o papel desempenhado no tipo de governo de um país pelos seus costumes e práticas e mesmo pelo seu clima. Em conclusão, identificou três tipos: repúblicas, onde o povo tem o poder soberano e o espírito, ou princípio orientador, é a virtude; monarquias, onde uma pessoa governa através de leis estabelecidas e o espírito é a honra; e os regimes despóticos, onde uma pessoa governa sem leis e o espírito é o medo.

Com a sua denúncia do despotismo, Montesquieu é visto como um dos primeiros teóricos da liberdade política. Para ele, esta encontrava-se nos governos moderados, onde o poder era partilhado entre os poderes legislativo, executivo e judicial, e as suas ideias foram entusiasticamente aplicadas pelos autores da Constituição americana.

Voltaire

(1694–1778)

«A superstição põe o mundo inteiro em chamas; a filosofia apaga-as.»

Dicionário Filosófico (1764)

François-Marie Arouet nasceu em Paris e foi educado no melhor seminário jesuíta da cidade. Determinado a ser escritor, produziu poemas satíricos e dramas históricos desde jovem, mas, ao mesmo tempo que alcançava sucesso, namorava o perigo, atacando tanto as autoridades religiosas como as políticas. De vez em quando, tinha de abandonar Paris para sua própria segurança; foi preso na Bastilha (mudando o seu nome para Voltaire enquanto lá estava) e, em 1726, foi exilado para Inglaterra, lá permanecendo dois anos.

Ficou seduzido pelo espírito liberal em Inglaterra, que via como estando enraizado nas liberdades civis e na monarquia constitucional, a qual contrastava nitidamente com a situação em França, onde a aristocracia e a Igreja católica detinham o poder. Foi muito atraído pelo empirismo do cientista Isaac Newton e pelas obras de John Locke, cuja abordagem racional poderia contrariar a ignorância e a superstição que identificava no seu próprio país.

De regresso a Paris, Voltaire publicou as *Cartas Filosóficas sobre a Nação Inglesa* (1733), que expressavam estas opiniões com uma tal veemência que foi forçado a fugir de novo. Sem se deixar deter, independentemente do sítio onde estivesse, continuava a produzir obra de não-ficção e de ficção, drama e poesia, juntamente com milhares de cartas. Nunca avançou uma filosofia original, mas usou a sua escrita — especialmente o *Dicionário Filosófico* (1764) — para pôr em causa a superstição e o preconceito e para promover a tolerância religiosa. Sendo um deísta, em vez de adepto de uma religião cristã organizada, e um defensor da razão, Voltaire incorporou os ideais do Iluminismo através da sua obra: como dizia, «escrevo para agir».

David Hume

(1711–1776)

«A razão é sempre, e deverá apenas ser, a escrava das paixões e nunca poderá aspirar a qualquer outra posição que não seja servi-las e obedecer-lhes.»

Tratado sobre a Natureza Humana (1739)

Nascido em Edimburgo, David Hume fez um ensaio na área do direito e do comércio, antes de se dirigir a França em 1734. Aí, trabalhou no seu primeiro e mais importante livro, *Tratado sobre a Natureza Humana* (1739). Propunha um sistema filosófico completo, que se baseava na abordagem científica de anteriores empiristas, como John Locke e George Berkeley, para responder à questão essencial: como sabemos o que sabemos?

Hume argumentava que as perceções podem ser ou impressões, que atingem a mente com força (sensações, paixões e emoções), ou ideias, que são os seus ténues ecos (o pensamento e o raciocínio). Não há outra fonte de conhecimento. E é cético em relação à razão: é apenas o hábito que faz com que procuremos objetos reais. O mesmo se aplica quando acreditamos que o sol se erguerá amanhã porque se ergueu hoje; ou quando vemos causa e efeito em acontecimentos ligados. Aceitamos estas posições para efeitos práticos, mas, em vez de nos preocuparmos acerca da derradeira realidade, divina ou outra, deveríamos concentrar-nos na experiência e na observação.

Jean-Jacques Rousseau

(1712–1778)

«O homem nasceu livre, mas em toda a parte vive acorrentado.»

O Contrato Social (1762)

Nascido na cidade calvinista de Genebra, Jean-Jacques Rousseau teve um início de vida miserável, tendo a sua mãe morrido passados dias do parto. Dez anos depois, o pai fugiu para evitar a prisão, entregando o rapaz ao cuidado bastante negligente de um tio.

Rousseau acreditava, apesar das suas experiências de infância, que as pessoas nascem felizes e livres e que assim continuariam se fossem deixadas num estado natural. Contudo, à medida que a modernidade se difundia, os avanços nas artes e nas ciências traziam consigo a desigualdade, a miséria e a violência. O seu livro *O Contrato Social* (1762) era uma tentativa de resolver o problema de como as pessoas poderiam desenvolver-se política e socialmente, mantendo ao mesmo tempo a liberdade e evitando as grilhetas. A resposta de Rousseau era um contrato através do qual os indivíduos prescindiam dos seus direitos naturais a favor da «vontade geral» coletiva, a única fonte de soberania legítima, que representaria então o bem comum. Nenhuma sociedade poderia ser igualitária e livre — para não falar da isenção de violência — a menos que todos aceitassem que a vontade geral fosse preponderante.

Adam Smith

(1723–1790)

«Por muito egoísta que o homem possa ser, existem evidentemente alguns princípios na sua natureza que o interessam pela sorte dos outros e que lhe tornam necessária a felicidade deles, apesar de nada derivar dela exceto o prazer de a ver.»

Teoria dos Sentimentos Morais (1759)

Adam Smith nasceu em Kirkcaldy e, a partir dos catorze anos, frequentou a Universidade de Glasgow. Em 1748, pronunciava conferências públicas na Sociedade Filosófica de Edimburgo, convivendo com os simpatizantes de David Hume. Em 1751, tornou-se professor de lógica em Glasgow e, pouco depois, professor de filosofia moral, cargo que manteve até 1764.

Em 1759, Smith publicou *Teoria dos Sentimentos Morais*, no qual argumentava que a base do comportamento humano é a simpatia pelos padecimentos dos outros. Sugeria que temos dentro de nós algo como um espectador imparcial e bem informado, julgando os outros mais objetivamente do que aquilo que seríamos nós próprios capazes de fazer — chamava-lhe a «mão invisível». Smith tinha fé na solidez dos juízos das pessoas normais e não via necessidade de procurar sistemas teóricos abrangentes além disso.

O mesmo fio condutor percorre *A Riqueza das Nações* (1776). Em vez de consistir numa pilha de ouro imóvel, a riqueza é criada pelo comércio e pela divisão do trabalho. Todos somos autocentrados — não egoístas, mas cuidando de nós mesmos. Melhoramos a nossa condição produzindo bens e serviços que outros querem, beneficiando-os nesse processo. Os governos não têm de tomar decisões económicas em nosso nome, porque a mão invisível já está a operar.

Immanuel Kant nasceu em Königsberg e passou aí toda a sua vida, estudando e ensinando na universidade, onde veio a tornar-se professor de lógica e metafísica, em 1770. Tendo originalmente ensinado matemática e física, estava determinado a aplicar métodos científicos à filosofia e a descobrir leis universais.

A sua ideia fundamental era que, em vez de operar como uma tela em branco à espera de que as perceções deixassem a sua marca, a mente humana está ativamente empenhada na aquisição de conhecimento, ordenando e estruturando o material em categorias inteligíveis. O conhecimento do mundo depende assim da estrutura da nossa mente, não da estrutura daquilo que percecionamos. Conceitos como tempo e espaço e causa e efeito não são aprendidos pela experiência, mas sim formas de dar sentido ao mundo. Kant comparou o impacto desta abordagem na filosofia à revolução provocada pelo astrónomo Nicolau Copérnico, quando provou que o Sol, e não a Terra, estava no centro do universo.

Kant falou acerca do maravilhamento que sentia perante «os céus estrelados por cima de mim e a lei moral dentro de mim» — palavras inscritas na sua sepultura. Acreditava que, tal como existe uma lei da natureza, existe uma lei moral e foi na *Fundamentação da Metafísica dos Costumes* (1785) que identificou a lei moral suprema — o seu «imperativo categórico» — que aqui é citada.

Immanuel Kant

(1724–1804)

«Age apenas segundo uma máxima tal que possas ao mesmo tempo querer que ela se torne lei universal.»

Fundamentação da Metafísica dos Costumes (1785)

Johann Herder

(1744–1803)

«Ninguém está solitário na sua era, constrói sobre a precedente e isto não se torna nada mais do que a fundação do futuro, sendo as necessidades nada mais do que isso — é o que nos diz a analogia com a natureza, falando Deus exemplarmente como modelo em todas as suas obras!»

Também uma Filosofia da História para a Formação da Humanidade (1774)

Johann Herder nasceu em Mohringen, na Prússia, e em 1762 matriculou-se na Universidade de Königsberg, onde estudou com Immanuel Kant. Em 1764, era professor em Riga e cedo publicou o seu primeiro ensaio filosófico, «Como a Filosofia se Pode Tornar Mais Universal e Útil para o Benefício do Povo» (1765). Começou a focar-se na sua escrita, com obras sobre literatura e a origem da linguagem e o seu papel na formação da consciência nacional.

A partir do seu interesse pelas raízes da língua e da cultura, Herder desenvolveu uma filosofia mais abrangente da história. Identificou diferenças fundamentais nas crenças, valores e sensibilidades dos povos de um período histórico para outro, não vendo qualquer razão para se focar em grandes líderes militares e nas suas campanhas, quando estudar os povos através das suas literaturas e artes os mostra na sua melhor vertente moral.

Em *Também uma Filosofia da História para a Formação da Humanidade* (1774), Herder desenvolveu a sua tese, sugerindo que a história é uma longa cadeia de culturas que se baseiam umas nas outras. Adotando uma abordagem à escala humana, e juntando os seus diferentes interesses, defendeu que a poesia evoluíra como uma forma de expressar emoções profundas, usando uma linguagem que se desenvolvia em complexidade, de forma a expressar valores culturais que se iam transformando com o tempo — tudo isso como modo de confirmar a identidade nacional.

Jeremy Bentham

(1748–1832)

«A maior felicidade do maior número é o fundamento da moral e da legislação.»

The Commonplace Book,
em *The Works of Jeremy Bentham*,
org. John Bowring, Vol. X (1843)

Nascido em Londres, Jeremy Bentham mostrou sinais precoces de um poderoso intelecto e já frequentava Oxford aos doze anos. Seguindo a tradição familiar, iniciou uma carreira no direito, mas depressa ficou desapontado com a irracionalidade da legislação existente, não lhe encontrando «qualquer consistência, harmonia ou método». Assim, em vez de exercer, decidiu-se a encontrar formas de melhorar todo o sistema legal.

Na *Introdução aos Princípios da Moral e da Legislação* (1789), Bentham desenvolveu ideias em torno do conceito de utilidade — julgando se uma ação é boa através da medição da sua tendência para produzir «benefício, vantagem, prazer, bem, ou felicidade», ou para evitar «dano, dor, mal ou infelicidade». Usava um «felicífico», ou «cálculo hedonista» para avaliar a probabilidade de algo promover a felicidade, tendo em mente que o prazer de uma pessoa não deverá causar a dor de outra.

Mantendo-se um entusiasta da reforma legal, Bentham desenhou um novo tipo de prisão, o *panoticon*, um edifício circular com uma torre de observação central, a partir da qual os prisioneiros poderiam ser — embora possivelmente não fossem — vigiados. Achava que isto encorajaria os detidos a melhorarem o seu comportamento, sendo o castigo mais para prevenir o futuro mal do que para retribuir as ofensas passadas. Aplicando esta abordagem utilitária a questões mais vastas, Bentham argumentou contra a existência de direitos ou deveres naturais e dos contratos sociais. Esse discurso implicava apelos irracionais a uma autoridade mais elevada, mas não existia autoridade acima da lei.

Nascido em Estugarda, mas educado em Tubinga, Hegel foi nomeado leitor de filosofia em Jena em 1801, depois professor em 1805, mas, após a vitória de Napoleão na Batalha de Jena em 1806, a universidade foi encerrada. Trabalhou como editor num jornal e antes como diretor de uma escola, em 1818, tornando-se professor de filosofia em Berlim, que rapidamente se estava a transformar num centro intelectual, com a sua ênfase no progresso científico. As lições de Hegel atraíam grande número de alunos de toda a Europa e as suas obras forneceram inspiração a posteriores pensadores radicais, incluindo Karl Marx.

Central à filosofia de Hegel é a ideia de liberdade, pela qual entendia não apenas fazermos aquilo que nos apetecesse, mas antes vivermos de uma forma completamente consciente, como partes de uma sociedade racionalmente organizada. A *Fenomenologia do Espírito* (1807) delineia o desenvolvimento da consciência, desde a perceção básica dos fenómenos através da consciência de si e da razão até à pura consciência do espírito, abraçando a própria realidade, a qual identificava com o conhecimento do Absoluto. A *Ciência da Lógica* (1812) explica como a realidade é revelada através do raciocínio dialético: toma-se a tese, depois o seu oposto — a antítese — e o conflito resultante conduz à síntese. Tal sustenta a deslocação do «ser», através do seu oposto «nada», para o «devir», quando o espírito se conhece por completo e é livre.

Hegel via a história como progredindo da mesma forma para a liberdade. Mas talvez não tivesse visto como os movimentos políticos poderiam estar preparados para justificarem os abusos em nome do imperativo histórico na via para um glorioso futuro.

Georg Wilhelm Friedrich Hegel

(1770–1831)

«A história do mundo não é mais do que o progresso da consciência da liberdade.»

Introdução às Lições sobre a Filosofia da História (1837)

Arthur Schopenhauer

(1788–1860)

«Cada homem toma os limites do seu campo de visão pelos limites do mundo.»

Estudos sobre o Pessimismo (1851)

Filho de um bem-sucedido comerciante, Arthur Schopenhauer nasceu em Danzig (agora Gdansk), na Polónia. Frequentou a escola em França e Inglaterra, antes de se juntar ao pai nos negócios, mas arrependeu-se de imediato por não ter optado por uma carreira académica. Quando o pai morreu subitamente, deixando-lhe uma considerável herança, aproveitou a oportunidade e foi estudar filosofia em Gotinga, Berlim e Jena.

O título da principal obra de Schopenhauer, *O Mundo como Vontade e Representação* (1818), sintetizava a sua inovadora visão. O mundo é representação: existindo no espaço e no tempo, é constituído por objetos que reconhecemos através da consciência. Mas, além dessa consciência, há mais, pois o mundo tem o seu próprio ser interno, aquilo a que Schopenhauer chama a vontade, que é a centelha para cada representação. Fora do espaço e do tempo, a vontade ergue-se sobre o conhecimento e a razão. Independentemente do que os outros filósofos possam pensar — dirigia-se a Hegel — o mundo não é um sítio racional. De facto, a vontade é positivamente irracional e causa de todas as frustrações que experimentamos, quando visamos objetivos inalcançáveis. Influenciado por ideias orientais, defendia a contemplação e a renúncia ao desejo, ao mesmo tempo que exaltava os benefícios da arte e da música.

Desde o princípio que lhe desagradou a instituição académica berlinense. Quando era professor auxiliar, marcava deliberadamente as aulas para coincidirem com as de Hegel — e não tinha alunos. Pior ainda, o seu livro foi ignorado. Desgostado, abandonou o ensino em 1831.

Auguste Comte

(1798–1857)

«O objeto de toda a verdadeira Filosofia é enquadrar um sistema que englobe a vida humana sob todos os aspetos, quer sociais, quer individuais. Assim, abraça os três tipos de fenómenos em que consiste a nossa vida: pensamentos, sentimentos e ações.»

Discurso sobre o Conjunto do Positivismo (1848)

Nascido em Montpellier, no sul de França, Auguste Comte estudou em Paris, na École Polytechnique, fundada em 1794 — durante a Revolução Francesa — para formar engenheiros militares. Com Napoleão, expandiu-se, tornando-se a principal instituição científica de França e, para Comte, agora que a França emergira das Guerras Napoleónicas, a ciência constituía a forma de fornecer a base para uma sociedade ideal.

Em 1826, Comte começou a falar perante pequenos grupos de pensadores franceses e estas conferências inspiraram a sua obra em seis volumes *Curso de Filosofia Positiva* (1830–42), bem como o *Discurso sobre o Conjunto do Positivismo* (1848). Neles explica que a humanidade passa por três estádios de desenvolvimento: o teológico, o metafísico e o positivo. No primeiro, procurando verdades absolutas, as pessoas recorrem a Deus para explicar os fenómenos à sua volta. No seguinte, as forças sobrenaturais são substituídas por entidades abstratas, mas permanece o desejo de alcançar respostas definitivas. Apenas no estádio final as pessoas percebem que têm de compreender as leis científicas que governam os fenómenos, em vez de se preocuparem com as suas causas. É isto o positivismo de Comte: apenas acreditarmos naquilo que pode ser cientificamente verificado, ou que possa ser provado através da lógica ou da matemática.

Comte identificou um novo ramo da ciência, a «sociologia», que se encarregaria da reorganização da ética, da política e da religião, necessária para cimentar a nova ordem social e, durante algum tempo, as sociedades positivistas floresceram em Inglaterra e França.

Pretendendo originalmente tornar-se sacerdote, Ludwig Feuerbach mudou de intenções depois de ler as obras de Hegel e, em vez disso, foi estudar filosofia para Berlim. Foi aí que acabou por se envolver com os Jovens Hegelianos, pensadores radicais que estavam convencidos de que a ideia hegeliana de uma história que marchava para a sua conclusão, guiada pelos objetivos gémeos da razão e da liberdade, nunca iria terminar enquanto a religião lhe fizesse obstáculo.

Em *A Essência do Cristianismo* (1841), Feuerbach propõe mostrar que Deus é efetivamente uma invenção humana, uma construção espiritual para ajudar as pessoas a lidar com as suas esperanças e os seus medos. As pessoas projetam em Deus todas as boas qualidades a que aspiram, mas que, muitas vezes, não conseguem alcançar, vendo-o como bondoso, compassivo e sábio. O corolário é que, enquanto se empenham nessa doce ilusão, negligenciam o seu próprio desenvolvimento — à espera de que a justiça seja feita no céu, em vez de aqui, na terra.

O livro inspirou pensadores radicais por toda a Europa. Segundo Friedrich Engels, tanto ele como Karl Marx sentiram que Feuerbach tivera um efeito profundamente libertador nas suas ideias, ao estabelecer que a consciência humana é a única espécie de consciência ou espírito que existe e que depende da existência física de pessoas, as quais fazem parte da natureza. O que pouco menos é do que afirmar que a religião é simplesmente algo usado pelos que ocupam o poder para oprimir os outros e para os desviar de reformas desesperadamente necessárias.

Ludwig Feuerbach

(1804–1872)

«A religião é o sonho do espírito humano.»

A Essência do Cristianismo (1841)

John Stuart Mill

(1806–1873)

«É preferível ser um ser humano insatisfeito a um porco satisfeito; é melhor ser um Sócrates insatisfeito do que um idiota satisfeito.»

Utilitarismo (1863)

Nascido em Londres, John Stuart Mill estava destinado a grandes coisas, segundo o seu pai, o filósofo e historiador escocês James Mill. Mill pai era membro dos Philosophical Radicals, apoiantes de Jeremy Bentham, e o filho iria advogar a causa utilitarista. Com esse propósito, o rapaz começou a estudar grego aos três anos e depois latim, para poder dominar os filósofos clássicos; seguiu-se a formação em lógica, economia política, história, direito e filosofia.

Empirista empenhado, defendia que a experiência externa era a única forma fiável de adquirir conhecimento; se, em vez disso, confiássemos na intuição interna, apenas confirmaríamos os preconceitos existentes. Em *Sistema de Lógica* (1843), propôs formas de melhorar a fiabilidade do raciocínio indutivo, que parte do particular para o geral, para obter uma abordagem tão aplicável às questões políticas, sociais e morais como à matemática pura. Em *Sobre a Liberdade* (1859), a sua apologia do princípio de liberdade de pensamento e opinião, defendia que o único uso legítimo do poder era evitar o dano a terceiros. Esta não era uma defesa de direitos abstratos, porém, mas antes uma convicção de que, na medida em que os indivíduos perseguem a sua própria felicidade, fomentam no seu conjunto o bem geral da sociedade.

As ideias de Mill acerca do bem maior foram desenvolvidas em *Utilitarismo* (1863), onde propunha padrões objetivos de bem e correto, equacionando-os com a maior felicidade. Ao contrário de Bentham, contudo, via uma distinção entre prazeres superiores e inferiores, daí deriva a citação acima.

Harriet Taylor Mill

(1807–1858)

«Negamos o direito de qualquer porção da espécie a decidir por outra porção aquilo que é e não é a sua "esfera própria". A esfera própria a todos os seres humanos é a mais elevada que consigam alcançar.»

«O Direito ao Voto das Mulheres»,
Westminster Review (1851)

Harriet Hardy nasceu em Londres no seio de uma família abastada e foi educada em casa, antes de se casar com John Taylor, um negociante bem-sucedido, aos dezoito anos. Através do seu envolvimento com a Igreja Unitária, os Taylor encontravam-se no centro de um grupo de pensadores radicais, sendo Harriet uma entusiasta defensora da reforma social, especialmente para as mulheres. William Johnson Fox, editor do jornal unitário *Monthly Repository*, para o qual Harriet Taylor escrevia, introduziu John Stuart Mill no seu círculo e esse foi o início de uma colaboração de toda a vida. Ela separou-se do marido e acabou por casar com Mill; ele atribuiu-lhe a coautoria das suas obras filosóficas.

Esta afirmação da autoria partilhada foi contestada na altura e continua a ser objeto de discussão. No entanto, é aceite que Taylor Mill foi a autora do «Direito ao Voto das Mulheres», um ensaio publicado com o nome de Mill, em julho de 1851, na *Westminster Review*, a revista fundada por Jeremy Bentham. Aí, ela argumentava que não havia justificação para se negar a igualdade às mulheres em todas as áreas da vida; apenas os costumes restringiam as suas ações à esfera doméstica, à qual os homens as relegavam. Negar a agência política às mulheres significava não poderem agir para o maior bem da sociedade. Sem igual acesso à educação, o seu desenvolvimento moral e intelectual ressentia-se. Comparava o casamento à escravatura, afirmando que ambas as condições se baseavam na ameaça da força física e apelava a leis contra a violência doméstica.

Nascido em Besançon, no leste de França, Pierre-Joseph Proudhon teve pouca educação formal quando era criança, mas a mãe encorajou-o a estudar e, em 1827, tornou-se aprendiz de impressor. No decurso do seu trabalho a corrigir provas, conheceu vários escritores e, através deles, começou a interessar-se por questões atuais de cariz social, político e filosófico. Em 1840, publicou o seu primeiro livro, *O que é a Propriedade? ou Investigações sobre o Princípio do Direito e do Governo.*

Segundo Proudhon, a resposta mais simples a essa pergunta é: roubo. Ao dizer isto, estava a defender que, quando um trabalhador vende aquilo que fez ou os seus serviços, deverá receber em troca apenas dinheiro, bens ou serviços de igual valor económico. Nesta forma de mutualismo, que era a combinação de Proudhon de socialismo e anarquia, não havia lugar para que alguém lucrasse com empréstimos, investimentos ou rendas.

Ao referir-se a si próprio como anarquista, Proudhon queria dizer que não acreditava no governo de um grupo de pessoas por outro, do mesmo modo que não professava — nem acreditava que alguém devesse defender — a exploração de um grupo por outro. Tal valia tanto para os chefes religiosos e para os capitalistas como para os políticos. Ele aspirava a uma sociedade sem autoridade, em que as pessoas possuíssem apenas aquilo que produziam, adquirindo os meios de produção através de cooperativas e associações laborais. A anarquia, para Proudhon, era «ordem sem poder» e as suas ideias viriam a ser muito populares entre os radicais de toda a Europa e, em particular, na Rússia.

Pierre-Joseph Proudhon

(1809–1865)

«Um homem procura justiça na igualdade, como a sociedade procura ordem na anarquia.»

O que é a Propriedade? (1840)

Søren Kierkegaard

(1813–1855)

«Crucial é encontrar a verdade que é verdadeira para mim, encontrar a ideia pela qual esteja disposto a viver e a morrer.»

Entrada do Diário, 1 de agosto de 1835

Søren Kierkegaard nasceu numa família abastada em Copenhaga, sendo o mais novo de sete irmãos. O seu pai, profundamente religioso, académico mas melancólico, acreditava ter sido amaldiçoado por Deus e a morte da esposa e de cinco dos filhos, antes de Søren ter completado vinte e um anos, não ajudou.

Kierkegaard estudou teologia na Universidade de Copenhaga, pretendendo inicialmente seguir uma carreira na Igreja, mas acabou por se interessar mais pelo debate filosófico no interior do mundo académico e passou a dedicar-se à escrita. Posicionando-se contra a dominante filosofia idealista alemã da altura, discordava veementemente da opinião de Hegel, segundo a qual a vida era uma progressão racional até ao conhecimento absoluto. Para Kierkegaard, tal colocava o homem no lugar de Deus, ignorando a posição subjetiva e limitada a partir da qual os juízos humanos são necessariamente realizados. Em vez disso, realçava a importância da liberdade de escolha.

Os livros de Kierkegaard exploram diferentes formas de viver, a partir do momento em que é aceite a responsabilidade individual. Os resultados não são confortáveis. Em *Ou-Ou* (1843), contrasta os prazeres passageiros da vida estética com a fundamentação moral da vida ética; a primeira conduz apenas ao temor e ao desespero. Em *O Conceito de Angústia* (1844), volta-se de novo para o temor e o desespero, desta vez quando alguém é confrontado com a escolha. Mas, como a entrada do diário aqui citada mostra, dera já os primeiros passos no caminho da aceitação da responsabilidade individual uma década atrás; e, anos depois, serviria de inspiração aos existencialistas.

Karl Marx

(1818–1883)

«Até aqui, os filósofos limitaram-se a interpretar o mundo de várias formas; o que importa é *mudá-lo*.»

Teses sobre Feuerbach (1845)

Mais conhecido nos nossos dias como autor (com Friedrich Engels) do *Manifesto Comunista* (1848) e de *O Capital* (1867), Karl Marx iniciou-se como filósofo estudando nas universidades de Bona e Berlim. Em Berlim, foi influenciado pelos Jovens Hegelianos, um grupo que desenvolveu a ideia hegeliana de que a razão e a liberdade determinam o caminho da história. Enquanto Hegel via a sua própria era como o triunfante fim da história, os Jovens Hegelianos sentiam que era preciso ir mais além, pois tanto a liberdade política como a religiosa continuavam a escapar. A abordagem dialética de Hegel tinha de ser refinada.

Ao contrário de Hegel, para quem o mundo era simplesmente a manifestação exterior do Absoluto, Marx colocava o mundo material e o espírito humano no centro do palco. Nós, humanos, produzimos aquilo de que precisamos para sobreviver. Somos aquilo que produzimos e a nossa natureza é determinada pela nossa condição material. Marx via a história humana como uma sucessão de conflitos de classe provocados pela economia, com cada estádio da sociedade a gerar forças que a destroem e uma nova versão a emergir das cinzas. O desenvolvimento económico (tese) encontra a violência revolucionária (antítese), o que leva a um futuro mais justo (síntese).

Marx deslocou a filosofia para o mundo, com repercussões que se sentem ainda hoje. A Undécima Tese sobre Ludwig Feuerbach, aqui citada, surge na sua lápide no Cemitério de Highgate, em Londres, juntamente com a última frase do *Manifesto Comunista*: «Trabalhadores de todo o mundo, uni-vos!»

Nascido em Derby numa família não convencional, Herbert Spencer foi influenciado desde criança pelas opiniões do seu pai, que era professor e também secretário da Derby Philosophical Society, contra o sistema político e o clero. Em grande parte autodidata, publicou o seu primeiro livro, *Estatística Social* (1851), enquanto era vice-editor do *The Economist*, o jornal do comércio livre ainda hoje publicado, e, através do seu editor, conheceu muitos dos mais importantes pensadores radicais, incluindo John Stuart Mill.

Um dos mais prolíficos e populares pensadores do seu tempo, Spencer cunhou a expressão «sobrevivência dos mais capazes», depois de ler *A Origem das Espécies*, de Charles Darwin, mas ele próprio trabalhara já sobre as ideias da evolução há alguns anos. Desenvolveu aquilo a que chamou «sistema de filosofia sintética», pretendendo demonstrar como operava a evolução nos mundos da biologia, da psicologia e da ética. Spencer via a vida como um processo de contínuos ajustamentos para sermos mais capazes de sobreviver e, por extensão, de florescermos.

A progressão que Spencer mapeava ia desde as simples, hierárquicas e agressivas sociedades até às complexas, cooperativas e industriais, à medida que as pessoas procuravam estabilidade e prosperidade. Isto aconteceria organicamente, com um mínimo de intervenção por parte do Estado, enquanto as sociedades se organizavam com base na «liberdade para cada um, limitada pela necessária liberdade de todos». Apesar da teoria, não se lhe seguiu a prática, a influência de Spencer dissipou-se e aquilo que passou a ser conhecido como «darwinismo social» foi aproveitado como justificação para os métodos de gente com poucos escrúpulos.

Herbert Spencer

(1820–1903)

«O progresso não é um acidente, nem algo sob controlo humano, mas uma benéfica necessidade.»

Estatística Social (1851)

Charles Peirce

(1839–1914)

«Aquela opinião destinada a que, derradeiramente, todos os que investigam concordem com ela é o que chamamos verdade e o objeto representado nesta opinião é o real. Tal é a forma como explicaria a realidade.»

«Como Tornar as Nossas Ideias Claras»,
Popular Science Monthly (1878)

Filho de um professor de matemática de Harvard, Charles Peirce foi encorajado a resolver problemas de lógica pelo pai desde criança. A sua própria licenciatura foi em química e, depois de se licenciar, aproveitou bem a sua formação científica e matemática, fazendo cálculos para a US Coast and Geodetic Survey durante mais de três décadas, enquanto ensinou também lógica em Harvard durante alguns anos.

Peirce referia-se a si próprio como um «filósofo de laboratório», convicto de que fora a sua experiência prática que o conduzira à abordagem filosófica a que inicialmente chamou pragmatismo, o qual explicou em «Como Tornar as Nossas Ideias Claras» (1878). A filosofia podia ser tratada como qualquer ciência experimental, com lógica, que via como «a arte de conceber métodos de investigação», firmemente enraizada na experiência objetiva do mundo. Quando investigamos um problema, propomos uma teoria, assumindo que seja verdadeira, mas sabendo que a sua verdade dependerá da testagem. A verdade e, portanto, o sentido, estão dependentes do que acontecer a seguir. As teorias são confirmadas pelas suas consequências e as mais próximas da verdade — pois não existem certezas objetivas — serão aquelas que ultrapassem as suas rivais na nossa tentativa de compreendermos o mundo.

Peirce acreditava que a clareza do sentido era de importância vital — a clareza acerca do conceito em discussão, as suas partes constituintes e as implicações dos seus efeitos. Quando se convenceu de que o sentido do pragmatismo se desvanecera, propôs simplesmente uma variante: o pragmaticismo.

William James

(1842–1910)

«A arte de se ser sábio é a arte de se saber o que se há de ignorar.»

Princípios de Psicologia (1890)

William James, irmão mais velho do romancista Henry, nasceu numa abastada e culta família de Nova Iorque. Depois de estudar medicina em Harvard, abraçou uma carreira de ensino e escreveu sobre psicologia e filosofia. Nos seus dois volumes de *Princípios de Psicologia* (1890), James estabeleceu a importância não só de uma abordagem científica à psicologia experimental como também um enquadramento filosófico coerente para acolher os resultados das experiências.

Essa filosofia foi explicada em *Pragmatismo* (1907), onde James pegou na ideia de Charles Peirce de que o sentido de um conceito consiste nas suas consequências práticas e, depois, aplicou-o às suas próprias áreas de interesse particulares. Para James, as filosofias são mais do que teorias intelectualmente afinadas; representam também impulsos de sentimento, pelo que aspirar à precisão é inútil e questionar o trabalho dos outros refutando afirmações particulares não é mais eficaz do que tentar deter a corrente de um rio colocando alguns troncos ao longo do seu curso (foi James quem surgiu com a ideia de «fluxo de consciência»).

Tanto James como Peirce viam o pragmatismo como uma forma de clarificar conceitos e hipóteses, mas, enquanto Peirce se baseava unicamente na ciência, James sentia que as pessoas precisavam de uma filosofia que, embora aderindo aos factos científicos, encontrasse espaço para a fé e os valores humanos. Para ele, o pragmatismo era essa via intermédia que reconciliava ambos os aspetos.

Nascido na Saxónia, Friedrich Nietzsche estudou teologia e filologia na Universidade de Bona. No entanto, embora tivesse perdido a sua fé, estava convencido de que a ciência e o raciocínio secular corroíam a religião. Concentrando-se, em vez disso, na filologia, tornou-se professor na Universidade de Basileia, com apenas vinte e quatro anos.

Os interesses filosóficos de Nietzsche eram invulgares. Não se preocupava com teorias acerca da natureza do conhecimento; em vez disso, queria compreender a razão pela qual as pessoas agem como agem. Em *A Origem da Tragédia* (1872), contrastava os valores «apolíneos» e «dionisíacos» da antiga Grécia, sugerindo que a ordem e a razão dos primeiros são erradamente valorizadas em relação às paixões mais espontâneas dos últimos. Quanto ao cristianismo, não passa de uma negação dos instintos afirmativos da vida, promovendo uma «moral de escravos». Em *Assim Falava Zaratustra* (1883) e *Para Além do Bem e do Mal* (1886), propunha uma nova moralidade baseada numa autoafirmação confiante, motivada pela «vontade de poder». Esta estava incorporada no *Übermensch*, ou super-homem. Alguém suficientemente forte para se libertar das convenções, dominar as suas paixões e dirigir as suas energias construtivamente neste mundo, sem esperar pelo próximo.

Em *Ecce Homo*, escrito em 1888, mas só publicado em 1908, Nietzsche afirmava que expusera a fraude constituída pelo conjunto da filosofia ocidental e do cristianismo. Como a citação sugere, via-se a si próprio como uma dionisíaca máquina de destruição dos complacentes valores burgueses.

Friedrich Nietzsche

(1844–1900)

«O que entendo por "filósofo": um terrível explosivo, na presença do qual tudo corre perigo.»

Ecce Homo (1908)

Edmund Husserl

(1859–1938)

«A filosofia como ciência, como séria, rígida, na verdade apoditicamente rigorosa ciência — esse sonho acabou.»

A Crise das Ciências Europeias e a Fenomenologia Transcendental (1936)

Nascido na Morávia, Edmund Husserl estudou matemática, física e filosofia em Berlim e, depois, filosofia, psicologia e lógica em Viena. Juntou todas estas matérias no seu primeiro livro, *Filosofia da Aritmética* (1891), sugerindo uma fundamentação psicológica para a lógica e a aritmética. Na altura da publicação, o livro foi criticado por matemáticos, por introduzir a subjetividade onde não tinha lugar. Imperturbado, Husserl desenvolveu um novo método filosófico: a fenomenologia — literalmente, o estudo dos fenómenos.

Husserl estava interessado naquilo que determina a forma como experimentamos as coisas: como nos aparecem (através da perceção, do pensamento, da memória, da emoção, etc.) e qual o sentido que têm para nós. Enquanto outras abordagens filosóficas assumem que as coisas, possuindo as suas próprias essências, existem independentemente no mundo «real», a fenomenologia começa com a experiência consciente de um ponto de vista subjetivo.

A fenomenologia diferenciou-se de imediato de outros tipos de filosofia. Enquanto a ontologia se preocupava com a natureza do ser, a epistemologia com a natureza do conhecimento, a lógica com o raciocínio válido e a ética com as questões do certo e do errado, a fenomenologia considerava questões como a consciência, a perspetiva na primeira pessoa e a intencionalidade. Estas áreas iriam ser de grande interesse para os pensadores existencialistas como Martin Heidegger e Jean-Paul Sartre, mas, infelizmente, em *A Crise das Ciências Europeias e a Fenomenologia Transcendental* (1936), Husserl teve de aceitar que a sua busca de uma ciência rigorosa para sustentar o todo da filosofia estava terminada.

John Dewey

(1859–1952)

«No momento em que a filosofia supõe que consegue encontrar uma solução final e abrangente, deixa de ser uma inquirição e torna-se ou uma apologética, ou uma propaganda.»

Lógica (1938)

Em 1894, John Dewey foi nomeado presidente do departamento de filosofia, psicologia e pedagogia da recentemente fundada Universidade de Chicago, onde refinou a sua abordagem ao longo de todas essas três áreas. Dez anos mais tarde, tornou-se professor de filosofia em Columbia, Nova Iorque, mantendo-se aí até se reformar, em 1930.

Filosoficamente ligado ao pragmatismo de Charles Peirce e William James, Dewey defendia que o verdadeiro teste à validade de uma proposição são as suas consequências no mundo real, sendo o papel do conhecimento facilitar os objetivos humanos. Em vez de absorver passivamente o conhecimento, a mente interage com o seu meio e ajusta as suas ideias de acordo com isso. Mais uma vez, na psicologia, Dewey via processo e interação, em vez de uma reação fixa estímulo-resposta. Quanto à pedagogia, estabeleceu as Laboratory Schools da Universidade de Chicago, pondo em prática a sua crença em que a educação deveria fomentar a curiosidade natural da criança, fornecendo-lhe as competências que a ajudassem a aprender através do questionamento.

Nishida Kitaro

(1870–1945)

«Assim, *experiência pura* é sinónimo de *experiência direta*. Quando alguém experimenta diretamente o seu estado consciente ainda não existe sujeito nem objeto e o conhecimento e o seu objeto estão completamente unidos. Esta é a forma mais pura de experiência.»

Uma Investigação sobre o Bem (1911)

Nishida Kitaro cresceu no início do período Meiji, quando o Japão se abria às influências ocidentais, após anos de isolacionismo. Isto significou que, na escola, estudou não apenas os clássicos confucianos, neoconfucianos e taoistas, mas também inglês e alemão, abordando mesmo as obras de Hegel e Kant.

O seu interesse pelo budismo *zen* desenvolveu-se na Universidade de Tóquio, quando percebeu que a prática *zen* tinha relevância para as discussões sobre realismo e empirismo no seio da filosofia ocidental. A sua interpretação da experiência pura e da autoconsciência está relacionada com a ênfase do *zen* no *satori*, ou iluminação; a sua posterior filosofia sobre o *topos*, ou local, do vazio absoluto que contém toda a realidade, subjetiva e objetiva, refere-se à noção *zen* de vacuidade; e a sua visão religiosa do mundo assenta, ao mesmo tempo, em Deus e Buda.

D. T. Suzuki

(1870–1966)

«Assim, como é difícil e, contudo, tão fácil compreender o *zen*! Difícil, porque compreendê-lo é não o compreender; fácil, porque não o compreender é compreendê-lo.»

Uma Introdução ao Budismo Zen (1934)

D. T. ou Daisetz (Daisetsu) Teitaro Suzuki nasceu em Kanazawa, capital da Prefeitura de Ishikara. Tal como o seu contemporâneo Nishida Kitaro, cresceu durante o início do período Meiji, quando o Japão estava a modernizar-se rapidamente, e ficou ansioso por aprender inglês e estudar o pensamento ocidental. Frequentou a Universidade de Tóquio, mas passou também cinco anos no mosteiro Engakuji, em Kamakura, logo a sul de Tóquio, empenhando-se na prática do budismo *zen*.

Pertencendo a uma nova geração de pensadores japoneses que pretendiam reinterpretar o budismo para os tempos modernos, em 1897 Suzuki mudou-se para a América, para trabalhar numa editora, como tradutor e editor. Em 1909, regressou ao Japão, acabando por se tornar professor de estudos budistas na Universidade Otani, em Quioto. Foi aí que iniciou a revista *Eastern Buddhist* e publicou muitas das suas obras mais importantes, em inglês e japonês. Em *Uma Introdução ao Budismo Zen* (1934), propôs-se explicar que, em vez de ser uma religião do género ocidental, com um deus a venerar, ritos cerimoniais a observar e uma alma imortal com que nos preocuparmos, ou uma escola de filosofia específica, o *zen* abarca toda a filosofia e toda a religião, na sua busca pelo desenvolvimento pessoal com o objetivo de atingir o *satori*, ou iluminação.

Depois da Segunda Guerra Mundial, Suzuki regressou à América como professor convidado, aí permanecendo até 1958. Durante este período, houve um enorme interesse pelo budismo no Ocidente e Suzuki era a autoridade máxima, tanto para os académicos ocidentais, como para o público em geral.

Bertrand Russell

(1872–1970)

«Um homem sem uns traços de filosofia passa pela vida aprisionado pelos preconceitos derivados do senso comum, das crenças vulgares da sua época ou nação e das convicções que cresceram no seu espírito sem a cooperação nem o acordo da sua razão refletida.»

Os Problemas da Filosofia (1912)

Bertrand Russell formou-se no Trinity College, em Cambridge, onde primeiro estudou matemática e, depois, filosofia. Rejeitando o neo-hegelianismo que estava na moda nessa altura, com a sua busca de sistemas metafísicos globais, Russell concentrou-se, em vez disso, na análise lógica que sustenta a matemática.

Em *Princípios da Matemática* (1903), argumentava que esta é efetivamente lógica, derivada de axiomas que são objetivamente certos. A ideia foi expandida nos três volumes dos *Principia Mathematica* (1910–13), que escreveu em parceria com Alfred North Whitehead. Aí, explicava que a mesma abordagem analítica é aplicável às questões da filosofia, dividindo as noções complexas nas suas partes constituintes, com a condição de a linguagem e a gramática poderem ser clarificadas, de modo a poderem expressar ideias suficientemente claras para que se tornem verdades filosóficas, tão objetivamente certas como axiomas lógicos. O seu trabalho linguístico preparou o caminho para a abordagem realizada pelos positivistas lógicos do Círculo de Viena, entre outros.

A influência de Russell estendeu-se muito para lá do mundo académico. Ele era capaz de transmitir ideias complexas numa linguagem clara e publicou vários livros de divulgação científica, enquanto a sua abrangente pesquisa da *História da Filosofia Ocidental* (1945) continua a ser publicada atualmente; ganhou também o Prémio Nobel da Literatura, em 1950.

Nascido em Londres, G. E. Moore formou-se em estudos clássicos e depois, encorajado pelo amigo Bertrand Russell, em filosofia, no Trinity College, em Cambridge, onde foi também assistente, de 1898 a 1904. Depois de trabalhar algum tempo de forma independente em filosofia, em 1911 regressou a Cambridge como leitor e, em 1925, foi nomeado professor de filosofia e lógica. Editou também a influente revista de filosofia *Mind*, entre 1921 e 1947.

Moore achava que a filosofia precisava de acompanhar os avanços que a ciência fizera, com ênfase no sentido exato através do cuidadoso uso da linguagem. Esteve na linha da frente de um afastamento do idealismo então em voga na Grã-Bretanha, preferindo uma abordagem mais analítica. Tanto quanto podia perceber, argumentar que a natureza do mundo depende das nossas perceções é ilógico, pois os seus princípios são muito menos convincentes do que a opinião de que existe um mundo real de objetos físicos. O papel da filosofia não seria provar a verdade das crenças do senso comum, mas antes considerar o seu significado.

Na sua obra mais conhecida, *Principia Ethica* (1903), Moore refere a falácia naturalista — o resultado de inúteis tentativas para definir o «bem», por exemplo, em termos de outras qualidades. Ele argumenta que o bem é uma propriedade simples, não suscetível de definição ou análise. Certas coisas podem ser identificadas como boas — ele apontava a amizade e a experiência estética — mas ver o bem como possuindo propriedades naturais é um erro.

G. E. Moore

(1873–1958)

«Se me perguntarem "O que é o bem?", a minha resposta é que o bem é o bem e acabou-se. Ou, se me perguntarem «Como deverá ser definido o bem?", a minha resposta é que não pode ser definido e isso é tudo o que tenho a dizer a esse respeito.»

Principia Ethica (1903)

Ludwig Wittgenstein

(1889–1951)

«Aquilo que pode ser dito pode ser dito claramente; acerca daquilo de que se não pode falar, tem de se ficar em silêncio.»

Prefácio ao *Tractatus Logico-Philosophicus* (1922)

Ludwig Wittgenstein nasceu em Viena, no seio de uma grande e abastada família. Educado em casa até aos catorze anos, terminou a escolaridade na Áustria, antes de ir estudar engenharia mecânica em Berlim e Manchester. Foi enquanto investigava no campo da aeronáutica que começou a interessar-se pela matemática e, depois, pelos fundamentos da matemática, altura em que mudou de direção e foi para Cambridge para estudar lógica matemática com Bertrand Russell. Passados dois anos, Russell anunciou que não tinha mais nada para ensinar a Wittgenstein.

Durante a Primeira Grande Guerra, Wittgenstein serviu no exército austríaco, mas isso não deteve o seu trabalho na área da lógica. Manteve cadernos de apontamentos ao longo de toda a guerra e terminou o seu primeiro livro num campo de prisioneiros de guerra italiano. Publicado em inglês com o título *Tractatus Logico-Philosophicus* (1922), foi o único a ver a luz do dia durante a sua vida.

Segundo Wittgenstein, para que a linguagem tenha sentido tem de espelhar estados de coisas no mundo real. Isto desqualifica de imediato o discurso convencional — desde os juízos de valor até ao pensamento especulativo — tornando-o literalmente desprovido de sentido. Se os limites da linguagem são realmente os limites do pensamento, chegamos à conclusão muito lógica de Wittgenstein (ver página ao lado). Mas esse silêncio assinala também um beco sem saída, por isso não é surpreendente que Wittgenstein se tenha afastado dessa linha de raciocínio e o *Tractatus* abra e feche, ao mesmo tempo, a primeira fase da sua carreira filosófica.

Martin Heidegger

(1889–1976)

«Nós próprios somos as entidades a ser analisadas.»

Ser e Tempo (1927)

A principal obra de Martin Heidegger, o incompleto *Ser e Tempo* (1927), trata da «questão do ser» (*Seinsfrage*). Heidegger não chega ao problema através das tradicionais discussões filosóficas da epistemologia, da subjetividade, da representação, do conhecimento objetivo e por aí fora. O seu principal foco recai diretamente sobre os seres humanos e o nosso sentido de lugar no mundo — ele usa o termo «estar aí» (*Dasein*), ou «existência». Ser significa existir no período compreendido entre o nascimento e a morte. Ser é literalmente tempo e o tempo é finito.

Apenas se estivermos constantemente conscientes da inevitabilidade da nossa própria morte poderemos compreender o que significa viver como um autêntico ser humano. Temos a liberdade de escolher as nossas ações e de concentrarmos as nossas energias no mundo, mas devemos ao mesmo tempo precaver-nos contra os modernos desenvolvimentos tecnológicos que nos divorciam da imediatez do ser, que era experimentada pelos nossos antepassados. Com esta ênfase na autenticidade e na liberdade individual, Heidegger tornar-se-ia irresistível para os existencialistas.

Feng Youlan

(1895–1990)

«O presente deverá abraçar tudo o que houve de melhor no passado.»

Discurso proferido na Universidade de Columbia, Nova Iorque, 1982

Feng Youlan frequentou a universidade em Xangai e, depois, em Pequim, para estudar filosofia ocidental e lógica. Licenciou-se em 1918 e ganhou uma bolsa na Universidade de Columbia, onde foi muito influenciado por John Dewey. Regressando à China em 1923, publicou a sua primeira obra importante, *História da Filosofia Chinesa* (1934), a qual olhava para a filosofia chinesa através de uma visão ocidental e positivista. Depois surgiu *Nova Filosofia Racional* (1939), que era influenciada pelo neoconfucionismo do século XII.

Rejeitando certos elementos místicos do taoismo e do budismo, que viam a metafísica em termos de desenvolvimento espiritual e iluminação, os neoconfucionistas adotavam uma abordagem mais secular, tratando a metafísica como uma maneira de formular uma filosofia humanista, em que os indivíduos se esforçam por obter uma relação harmoniosa com este mundo. Feng foi mais longe, aplicando a lógica positivista ocidental para obter uma teoria ética que justificasse tanto a natureza da moralidade como o desenvolvimento moral individual dentro desse contexto mais alargado.

Herbert Marcuse

(1898–1979)

«As pessoas reconhecem-se nos seus produtos; descobrem a sua alma no seu automóvel, na aparelhagem sonora, na casa de dois pisos, no equipamento de cozinha. O próprio mecanismo que liga o indivíduo à sua sociedade mudou e o controlo social está ancorado nas novas necessidades que produziu.»

O Homem Unidimensional (1964)

Herbert Marcuse nasceu em Berlim e estudou na universidade local e também em Freiburgo, antes de se envolver com o Instituto de Investigação Social de Frankfurt (a Escola de Frankfurt). Em 1934, fugiu da Alemanha nazi para Nova Iorque, onde o Instituto foi reimplantado, e começou a dar aulas na Universidade de Columbia. Depois da Segunda Guerra Mundial, Marcuse permaneceu nos EUA, ensinando em Harvard, Brandeis e San Diego.

A sua primeira obra em inglês, *Razão e Revolução* (1941), era uma discussão acerca das teorias sociais de Hegel e Marx, ao passo que *Eros e Civilização* (1955) propunha uma análise freudiana da forma como o capitalismo opera, impondo restrições aos indivíduos que criam barreiras à formação de uma sociedade não-repressiva.

Contudo, só após a publicação de *O Homem Unidimensional* (1964) é que Marcuse atraiu verdadeiramente o emergente movimento estudantil radical, valendo-lhe o cognome de «Pai da Nova Esquerda». Neste livro, Marcuse argumentava contra aquilo a que chamava a «tolerância repressiva» da moderna sociedade industrial, onde as massas eram, ao mesmo tempo, estimuladas e satisfeitas, ao ponto da estupefação, pelos produtos do seu próprio trabalho, à custa das suas necessidades e liberdades mais fundamentais. Apelava às pessoas fora do sistema — estudantes, intelectuais e minorias — para que iniciassem a mudança revolucionária, a qual, compreensivelmente, atraía esses grupos, mas a influência de Marcuse não durou muito além dos motins estudantis da década de 1960, na Califórnia e em Paris.

Friedrich Hayek

(1899–1992)

«... o perigo da tirania que resulta inevitavelmente do controlo governamental da tomada de decisão económica através do planeamento central...»

O Caminho para a Servidão (1944)

Nascido e educado em Viena, Friedrich Hayek tornou-se diretor do Instituto Austríaco de Investigação Económica em 1926. Entre 1931 e 1950, ensinou na Escola de Economia de Londres e, depois, mudou-se para as universidades de Chicago (1950–1962) e Freiburgo (1962–1970). O seu nome está associado à Escola Austríaca do pensamento económico, que defendia o individualismo metodológico — a ideia de que os desenvolvimentos económicos e sociais resultam das ações dos indivíduos e não da imposição de teorias económicas de larga escala.

Hayek transpôs as suas ideias económicas para o domínio filosófico com *O Caminho para a Servidão* (1944), o qual considerava o papel do governo na sociedade. Ligando as raízes do fascismo, do nazismo e do socialismo, afirmava que o planeamento central de qualquer género político implica invariavelmente a compulsão e a sistemática erosão da liberdade. Para Hayek, o problema é que aqueles que se propõem planear a sociedade nunca podem aceder ao conhecimento necessário, pois o conhecimento não é fixo, nem universalmente aplicável; as sociedades são sempre espontâneas, o resultado de ações individuais e não de grandes desígnios.

Hayek acreditava que as liberdades pessoal e económica são inseparáveis e que a intervenção estatal, mesmo que seja bem-intencionada, as destrói. O único papel legítimo do governo, portanto, é facilitar o mercado e fornecer serviços que esse mercado, por si só, não pode providenciar. Hayek ganhou o Prémio Nobel da Economia em 1974 e as suas ideias mostraram ser compreensivelmente populares entre os governos de mercado livre em toda a parte.

Gilbert Ryle ensinou filosofia em Oxford antes da Segunda Guerra Mundial, trabalhou na espionagem durante a guerra e, depois, regressou à universidade, tornando-se Professor da cátedra Waynflete de Filosofia Metafísica no Magdalen College, posição que manteve de 1945 a 1968.

Como defensor da filosofia linguística ou da filosofia da «linguagem vulgar», via a sua tarefa como consistindo em expor as fontes das vulgares conceções erradas e das teorias sem sentido incrustadas nos idiomas linguísticos, que conduzem inexoravelmente desde pequenas anomalias a importantes erros lógicos. Apontava os «erros de categoria» que resultam em duas coisas gramaticalmente ligadas que são tratadas como equivalentes lógicos. Em *O Conceito de Mente* (1949), a sua principal obra, apresenta um exemplo com o qual gostava de brincar: «Ela chegou a casa num mar de lágrimas e em liteira».

Ryle usou a mesma abordagem nesse livro para pôr em causa aquilo a que se referia como a «doutrina oficial» da filosofia — o dualismo cartesiano — argumentando que a separação, defendida por René Descartes, entre mente e corpo, em diferentes categorias, é uma ideia que apenas fazia sentido numa época anterior à nossa presente compreensão da biologia. Como poderá alguém pensar seriamente acerca de um corpo humano que existe no tempo e no espaço, sujeito às leis mecânicas, e depois surgir com uma misteriosa identidade que não existe aí? Fazer isso equivale a inventar um fantasma na máquina. Para Ryle, a mente poderia agora ser vista como um conjunto de capacidades e aptidões pertencentes ao corpo, uma peça funcional intrínseca, o seu comportamento inteligente. O fantasma de Descartes fora exorcizado de uma vez para sempre.

Gilbert Ryle

(1900–1976)

«… o fantasma na máquina…»

O Conceito de Mente (1949)

Nascido em Viena, capital do Império Austro-Húngaro, Karl Popper estudou aí na universidade. Na altura em que se licenciou, a Primeira Grande Guerra terminara e o império desaparecera, mas Viena continuava a ser um centro intelectual, sede dos positivistas lógicos. Popper partilhava o seu interesse com a ciência, mas considerava que esta não era mais verificável do que a ética, ou a metafísica. Em vez disso, interessava-lhe a falsificabilidade.

Em *A Lógica da Descoberta Científica* (1934), Popper argumentava que a ciência não opera através da indução, com teorias produzidas por observações repetidas e provadas por experiências, mas pela formulação de novas hipóteses, testadas rigorosamente. As experiências não conseguem provar, mas podem refutar as teorias. Não há nada de errado em apresentar uma interessante teoria que seja depois refutada; o que é errado é propor uma hipótese que não possa ser testada, ou aceitar alguma apesar da evidência em contrário. Assim, a ciência é um conhecimento provisório que avança através da eliminação de teorias que se descobre serem falsas.

A filosofia científica de Popper teve também implicações sociais e políticas. Tendo trocado a Áustria pela Nova Zelândia em 1937 para evitar a ocupação alemã, em artigos como «A Pobreza do Historicismo», *Economica*, vols. 11 e 12 (1944–1945), e em livros como *A Sociedade Aberta e os Seus Inimigos* (1945), contrariava a ideia de que a história conduzisse a uma conclusão inevitável, sendo esta uma asserção nem testável nem científica, usada para justificar a opressão e o fanatismo. Popper defendia, em vez disso, sociedades democráticas abertas, que crescem organicamente, sem que ninguém lhes tente impor uma nova ordem... até um dia.

Karl Popper

(1902–1994)

«Deverá ser possível que qualquer sistema científico empírico seja refutado pela experiência.»

A Lógica da Descoberta Científica (1934)

Jean-Paul Sartre

(1905–1980)

«A existência precede a essência.»

«O Existencialismo é um Humanismo»,
conferência proferida em Paris, 1945

Nascido em Paris, Jean-Paul Sartre frequentou a prestigiada École Normale Supérieure, onde conheceu a sua companheira de toda a vida, a também filósofa, Simone de Beauvoir. A sua carreira de ensino foi interrompida pela Segunda Guerra Mundial, durante a qual passou nove meses num campo de prisioneiros de guerra alemão. Foi também ativo na Resistência Francesa. Depois da guerra, abandonou o ensino para se concentrar na divulgação das suas ideias filosóficas e políticas do modo mais alargado possível.

Para Sartre, o existencialista, não há Deus, não há um criador omnisciente com um plano, o que significa que os humanos existem antes que haja uma conceção a seu respeito — daí a existência surgir antes da essência. Primeiro vimos nós, tornamo-nos conscientes, empenhamo-nos no mundo e definimo-nos ao longo do caminho, até ao seu último momento. Sem haver nada de parecido com uma natureza humana, cada um de nós está só, «condenado a ser livre», com a aterrorizadora perspetiva de sermos completamente responsáveis pela forma como vivemos.

Estas ideias foram exploradas não só em obras filosóficas, mas também em romances e peças teatrais, mostrando as consequências das ações, ou da ausência de ação, realizadas pelas diferentes personagens. Sartre acreditava que os escritores tinham o dever de fomentar o debate social e político. Foi um empenhado marxista e um membro entusiasta da Nova Esquerda radical em França, durante as décadas de 1960 e 1970.

Ayn Rand nasceu em São Petersburgo, mas partiu para os Estados Unidos em 1926, insatisfeita com a vida na recentemente criada União Soviética. Os seus primeiros livros, *Nós, os Vivos* (1936) e *Hino* (1938), retratam individualistas que acabam por ser destruídos por regimes totalitários. O arquiteto herói de *A Nascente* (1943), o seu romance seguinte, recusa curvar-se perante as autoridades quando é expulso da universidade (a «citação» aqui transcrita, embora habitualmente referida, de facto faz parte do diálogo) e nunca se desvia do seu caminho.

Os livros de Rand não foram bem recebidos pela crítica, mas agradaram obviamente ao público em geral, que tornou *A Nascente* num *bestseller*. O próximo a surgir foi *A Revolta de Atlas* (1957), no qual indivíduos produtivos e criativos são frustrados por um sistema incompetente que apoia parasitas ociosos. No seu conjunto, formaram a base de uma filosofia conhecida como objetivismo, o qual promove o individualismo determinado, o interesse próprio racional e o capitalismo de livre iniciativa como a única forma de os fortes progredirem.

O apelo de Rand a um Estado minimalista cujo único sentido é proteger os direitos do indivíduo ecoa entusiasticamente hoje no movimento político liberal, que vê a liberdade pessoal — quer seja na esquerda ou na direita do espetro político — como mais importante do que o bem coletivo.

Ayn Rand

(1905–1982)

**«A questão não é
quem vai deixar-me;
é quem vai impedir-me.»**

A Nascente (1943)

Hannah Arendt

(1906–1975)

«...a banalidade do mal...»

Eichmann em Jerusalém (1963)

Nascida perto de Hanôver no seio de uma família judaica secular, Hannah Arendt estudou filosofia e teologia em Marburgo, Freiburgo e Heidelberga, onde foi ensinada por três dos mais famosos pensadores da altura: Edmund Husserl, Martin Heidegger e Karl Jaspers. Consciente de que a Alemanha se tornava cada vez mais insegura para os judeus, mudou-se para Paris em 1933 e depois, em 1941, para Nova Iorque.

A sua primeira grande obra, *As Origens do Totalitarismo*, foi publicada em 1951. Aí, defendia, de modo controverso, que o comunismo de Estaline e o nazismo de Hitler eram semelhantes, ambos resultando do colapso de sistemas políticos que tinham existido durante anos até à ascensão do nacionalismo, do colonialismo e do racismo no século XIX, seguida pelo caos da Primeira Grande Guerra e da Grande Depressão. Os regimes totalitários ofereciam soluções simplistas para problemas complexos, seduzindo as pessoas com a sua conversa sobre as leis da história e do destino. A ideologia substituíra a moralidade, de modo que os indivíduos não fossem chamados a pensar acerca das suas próprias responsabilidades políticas em relação aos outros.

Foi o julgamento do criminoso de guerra nazi Adolf Eichmann, em Jerusalém, em 1963, que despertou uma maior atenção a seu respeito. Foi enviada pela *New Yorker* para cobrir as audições e, nesse ano, publicou o livro *Eichmann em Jerusalém*. Aí, desenvolveu as suas primeiras ideias acerca da responsabilidade individual, mostrando as consequências de se implementarem políticas sem intenção ativa. Mais uma vez de forma controversa, retratou Eichmann não tanto como um monstro, mas antes como uma irrefletida criação moderna — daí a banalidade do mal.

Simone De Beauvoir

(1908–1986)

«Ninguém nasce mulher, torna-se mulher.»

O Segundo Sexo (1949)

Nascida em Paris numa família de classe média, Simone de Beauvoir estudou filosofia na Sorbonne e, em 1929, não obteve por pouco o primeiro lugar no prestigiado exame de *agrégation*, ganho por Jean-Paul Sartre, com quem iniciou um relacionamento — tanto pessoal como profissional — que iria durar a vida inteira. Ensinou filosofia entre 1931 e 1943 e, em seguida, abraçou uma carreira inteiramente dedicada à escrita.

Durante a década de 1940, Beauvoir desenvolveu as suas ideias em torno de uma filosofia existencialista que se focava na importância da experiência pessoal num mundo sem sentido, sem leis morais absolutas, onde os indivíduos criam os seus próprios valores e, assim, são responsáveis pelas suas ações, na medida em que afetam tanto os próprios como os outros. Em *O Segundo Sexo* (1949), concentra-se na opressão das mulheres por parte dos homens, o que entende como consequência de um sistema que assume que o masculino é o padrão normal, remetendo o feminino para o papel do «outro». Identificando uma distinção entre o sexo biológico e a construção social e histórica do género, Beauvoir argumenta que as mulheres são tão capazes de escolher como os homens, apenas precisam de escolher ser livres.

Na sua obra — romances, ensaios, autobiografia, artigos e outros — e na sua vida pessoal, Beauvoir combinou pontos de vista intelectuais e filosóficos com a ação política, incorporando a ideia de que o amor não significa necessariamente abandonar a liberdade, nem o sucesso profissional. *O Segundo Sexo* tornou-se a bíblia para subsequentes gerações de feministas.

Simone Weil

(1909–1943)

«Os seres humanos são constituídos de tal forma que os que esmagam nada sentem; é a pessoa esmagada que sente o que está a acontecer. A menos que a pessoa se coloque ao lado dos oprimidos, para os sentir, nunca conseguirá compreender.»

Palestras sobre Filosofia (1959)

Nascida em Paris numa família judaica secular, Simone Weil tinha uma formação completa em filosofia quando terminou a escola e, em 1928, entrou na École Normale Supérieure. Via a filosofia como uma forma de combater a opressão na sociedade e ensinou operários, argumentando e escrevendo em seu nome. Profundamente influenciada por Karl Marx, concebia a filosofia ao mesmo tempo como ação e prática.

Em 1935, Weil trabalhou em fábricas como operária não especializada. Achou a experiência profundamente desumanizante e ficou surpreendida por não sentir fervor revolucionário, mas sim humilhação e resignação. As ideias acerca do que significava ser livre e ser boa adquiriram um novo significado. Por volta dessa altura, começou a ter experiências religiosas místicas e abraçou o cristianismo. No entanto, durante a Segunda Guerra Mundial, as origens judaicas da família colocaram-nos em perigo e trocaram a França pela América em 1942. Weil mudou-se então para Londres, para trabalhar com a Resistência Francesa. Alimentando-se mal e sofrendo de tuberculose, foi efetivamente definhando.

Os escritos de Weil só foram publicados após a sua morte. Incluem *Gravidade e Graça* (1947), uma coletânea de orientações espirituais e filosóficas, *Opressão e Liberdade* (1955), artigos políticos e sociais sobre a guerra, o trabalho fabril e a linguagem, e *Palestras sobre Filosofia* (1959). Para Weil, a vida e a reflexão filosófica estavam ligadas a um profundo nível ético e a religião articulava as duas, com conceitos como «Deus» e «alma» a ombrearem com «verdade» e «realidade».

Isaiah Berlin

(1909–1997)

«Tudo é o que é: a liberdade é a liberdade, não é igualdade, nem equidade, nem justiça, nem felicidade humana, nem uma consciência tranquila.»

«Dois Conceitos de Liberdade» (1959)

Nascido em Riga, na Letónia, Isaiah Berlin emigrou para a Grã-Bretanha com os pais em 1921 para escapar ao antissemitismo e ao comunismo. Estudou em Oxford e aí ensinou filosofia na década de 1930, sendo um contribuinte essencial para aquela que veio a ser conhecida como «filosofia de Oxford», ou da «linguagem vulgar» — a crença em que muitos problemas filosóficos eram problemas em grande parte porque a linguagem usada para os discutir se divorciara dos sentidos de todos os dias. A partir do início da década de 1940, ficou cada vez mais interessado pela história das ideias e pela teoria social e política.

Berlin juntou estas diferentes preocupações em «Dois Conceitos de Liberdade», a sua conferência inaugural em 1958 como Professor da cátedra Chichele de Teoria Social e Política em Oxford. Ao considerar esta ideia aparentemente simples, distinguia entre liberdade negativa e positiva, a primeira referindo-se à liberdade de constrangimentos externos («não sou escravo de nenhum homem», pois a sociedade está estruturada de forma a fornecer-me o melhor) e a segunda à liberdade individual de cada um seguir a sua própria vontade («sou o meu próprio senhor», pois posso fazer exatamente o que me apetecer, independentemente de todos os outros). Estas duas interpretações contraditórias têm serias implicações na vida quotidiana, em ambos os extremos do espetro político.

Berlin defendia uma compreensão matizada da terminologia em que aquilo que, à partida, é visto como um conceito único poderá na realidade cobrir uma quantidade de sentidos. Sendo um firme pluralista, acreditava que a vida exigia um constante compromisso entre valores frequentemente incompatíveis.

A. J. Ayer

(1910–1989)

«O critério que usamos para testar a genuidade de presumíveis declarações de facto é o critério da verificabilidade.»

Linguagem, Verdade e Lógica (1936)

Nascido em Londres, Alfred Jules Ayer estudou em Eton e Christ Church, em Oxford, onde foi aluno do filósofo Gilbert Ryle. Depois de licenciado, foi estudar na Universidade de Viena e, aí, assistiu a encontros do Círculo de Viena, um grupo de académicos com formação em ciência e filosofia, conhecidos como positivistas lógicos, que consideravam a lógica de género matemático e a clareza de linguagem a única forma de avançar quando se trata de questões filosóficas — ou de quaisquer outras.

Ayer adotou entusiasticamente esta abordagem e, depois de regressar a Oxford, começou a trabalhar num livro que levaria o positivismo lógico ao mundo anglófono. Publicado quando tinha apenas vinte e seis anos, *Linguagem, Verdade e Lógica* (1936) introduzia o princípio de verificação: apenas as proposições que podem ser verificadas através da análise lógica ou, empiricamente, através da observação, são significativas (literalmente, denotam alguma coisa). Isto liberta-nos claramente de áreas problemáticas de discussão, como a ética e a religião, porque dizer, por exemplo, que roubar é errado ou que Deus existe não pode ser verificado e, portanto, não tem sentido.

Durante a longa carreira, Ayer continuou sempre convencido de que a maioria dos problemas que ocuparam os filósofos ao longo dos anos era, no seu âmago, constituída por problemas de linguagem, consistindo a verdadeira tarefa do filósofo em elucidar os conceitos básicos da ciência e não em perder tempo com especulações metafísicas.

Seongcheol

(1912–1993)

«A forma *é* informe e o informe *é* a forma. Não apenas nas palavras, não apenas no domínio da filosofia, mas na verdade, na natureza, mensurável por métodos científicos. É esta a Via do Meio!»

Seongcheol é o nome darma de Yi Yeongju, a quem são atribuídas a reforma e a revitalização do budismo coreano, após a ocupação japonesa do seu país durante a Segunda Guerra Mundial. Uma criança brilhante que devorava livros, diz-se que tinha lido os romances clássicos da literatura chinesa aos dez anos e que trocara um saco de arroz por um exemplar da *Crítica da Razão Pura* de Immanuel Kant. Os seus interesses incluíam assim a filosofia ocidental, mas também a ciência e a religião, mas foi apenas quando leu a *Canção da Iluminação*, um texto *zen* (*seon*), que soube que tinha encontrado a verdadeira via.

A partir da década de 1950, Seongcheol advogou um regresso ao celibato, à prática estrita, ao monasticismo e à mendicância por parte dos monges budistas coreanos. Largamente reconhecido como um Buda vivo, punha em causa o valor do «súbito despertar, cultivo gradual», em que os praticantes trabalham ao longo de vários estados para alcançarem a iluminação. Para Seongcheol, tal equivalia à acumulação de entulho, afirmando que a genuína natureza de alguém só poderia ser realizada através da derradeira iluminação.

Seongcheol considerava a via do meio como o estado de nirvana em que todas as dualidades se fundem, tornando absurdos os extremos como o bem e o mal, o eu e o não-eu. Recorria à ciência moderna para defender este ponto de vista, citando a teoria da relatividade especial de Einstein, que mostra que energia e massa, outrora pensadas como separadas, são de facto uma e a mesma coisa.

Alan Turing

(1912–1954)

«As máquinas podem pensar?»

«Dispositivos Computacionais e Inteligência»,

Mind, Vol. 59 (1950)

Alan Turing licenciou-se em matemática em Cambridge, completou o doutoramento em Princeton e tornou-se o principal agente no trabalho inicial sobre computadores digitais eletrónicos e filosofia da inteligência artificial.

Tendo formulado a ideia de uma máquina automática para resolver problemas quando era estudante universitário, no seu artigo de 1950, «Dispositivos Computacionais e Inteligência», Turing propunha um teste para determinar se as máquinas podem pensar. Era o «jogo da imitação». Para começar, são precisas três pessoas: um homem, uma mulher e um inquiridor de qualquer dos sexos. Numa sala separada, fazendo perguntas que ignoram o aspeto físico e recebendo respostas datilografadas, o inquiridor tem de decidir qual deles é homem e qual é mulher. A certo ponto, um deles é substituído por uma máquina. Poderá o inquiridor distinguir entre humano e máquina? Se a resposta for não, a máquina passou no Teste de Turing e, assim, considerar-se-á que pensou.

Durante a Segunda Guerra Mundial, Turing desenvolveu um trabalho vital a decifrar códigos alemães nas instalações governamentais de Bletchley Park, onde a importância de máquinas que lidassem com informação era evidente. Em 1948, mudou-se para a Universidade de Manchester, para continuar a sua investigação sobre computadores e, se o mundo fosse um sítio diferente, sem dúvida teria contribuído para posteriores desenvolvimentos na área da inteligência artificial. Em vez disso, acusado de um delito sexual menor, foi sujeito a castração química e, pouco depois, cometeu suicídio. É o que há a dizer sobre a inteligência humana.

Louis Althusser

(1918–1990)

«Tudo aquilo que acontece na filosofia tem, em última análise, não apenas consequências políticas em teoria, mas também consequências políticas na política: na luta de classes política.»

Elementos de Autocrítica (1974)

Nascido em Argel, Louis Althusser estudou filosofia na École Normale Supérieure em Paris, onde depois ensinou durante o resto da sua vida de trabalho, influenciando, entre outros, Michel Foucault e Jacques Derrida. Empenhado católico durante a adolescência, tornou-se um comunista igualmente empenhado depois da Segunda Guerra Mundial e, durante as décadas de 1960 e 1970, foi um dos filósofos marxistas dominantes.

Em *Por Marx* (1965) e *Ler o Capital* (1965), Althusser analisou o marxismo através da perspetiva do estruturalismo — a ideia de que, para compreender o mundo, é necessário identificar os princípios organizadores que sustentam e determinam as inter-relações entre as suas partes constituintes. Pretendia formular uma «teoria de prática teórica» que lhe permitisse estabelecer uma base científica para o marxismo, em oposição àquilo que achava ser a atual dependência de falsos conceitos ideológicos que descrevem meramente aquilo que acontece socioeconomicamente. Quando os críticos de esquerda, a quem não agradara a sua desvalorização da vertente abertamente política, puseram em causa as suas ideias, Althusser publicou os *Elementos de Autocrítica* (1974), em que redefinia a sua filosofia como uma interação entre teoria e política, descrevendo a filosofia materialista como «luta de classes no campo da teoria».

Apesar disso, para muitos, as ideias de Althusser estavam a tornar-se crescentemente divorciadas da realidade, tanto intelectualmente, por suspeitarem que estava apenas a jogar com palavras, como na prática, pois acreditavam que, no seu âmago, o marxismo era realmente uma ideologia política e não uma ciência.

G. E. M. Anscombe

(1919–2001)

«Escolher matar o inocente como um meio para os teus fins é sempre assassínio.»

«Mr. Truman´s Degree», panfleto (1956)

G. E. M. ou Elizabeth Anscombe converteu-se ao catolicismo romano quando era adolescente e a religião continuou a desempenhar um importante papel ao longo da sua vida. Estudou em Oxford, mas viajava regularmente até Cambridge, para assistir às aulas de Ludwig Wittgenstein. Como ele, também se tornou professora de filosofia em Cambridge.

Quando, em 1956, a Universidade de Oxford decidiu atribuir ao presidente Truman um grau honorário, Anscombe opôs-se a celebrar alguém que autorizara o bombardeamento de Hiroxima e Nagasáqui, matando milhares de civis. Primeiro publicou um panfleto e, depois, escreveu com maior fôlego acerca da natureza da intenção e da filosofia moral. *Intenção* (1957) põe em causa a forma como os filósofos tratam o conhecimento como sendo passivo e especulativo quando, de facto, as intenções têm consequências e carregam também consigo uma dimensão ética. No seu artigo «Filosofia Moral Moderna» (1958), argumentava que as ideias acerca daquilo que *devemos* fazer, com apelos ao «dever moral» e ao «certo» e ao «errado», não fazem sentido se estiverem divorciadas do legislador todo-poderoso que é o Deus judaico-cristão.

Mary Midgley

(1919–2018)

«Toda a doutrina moral, todas as sugestões práticas acerca de como devemos viver, dependem de uma qualquer crença acerca de como é a natureza humana.»

Besta e Homem (1978)

Mary Midgley estudou na Down House, uma escola interna progressista que iniciara a sua existência na velha casa de Charles Darwin. Ganhou uma bolsa para Oxford, onde estudou classicismo e filosofia. Na década de 1950, começou a desenvolver interesse pelo comportamento animal, lendo vastamente sobre assuntos que incluíam psicologia, antropologia e teoria evolucionista.

Em *Besta e Homem: As Raízes da Natureza Humana* (1978), defendia a natureza humana contra aquilo que via como as falsas pretensões do comportamentalismo e da sociobiologia. Parecia óbvio a Midgley que os feitos humanos se baseiam em capacidades e padrões de resposta partilhados com outros animais, o que significa que não somos, conforme os existencialistas pretenderiam, livres para nos criarmos. Quanto ao determinismo biológico, no outro extremo do espetro — e houve discussões acaloradas com Richard Dawkins e o seu «gene egoísta» a este respeito — Midgley argumentava que a nossa constituição biológica inclui a capacidade para desenvolver uma cultura partilhada, a qual, por sua vez, fomenta a criatividade individual.

John Rawls

(1921–2002)

«Todos os valores sociais — a liberdade e a oportunidade, o rendimento e a riqueza e as bases da autoestima — deverão ser distribuídos de forma igual, a menos que uma distribuição desigual de alguns ou de todos estes valores seja vantajosa para todos.»

Uma Teoria da Justiça (1971)

Nascido e criado em Baltimore, John Rawls estudou e depois ensinou filosofia em Princeton, antes de ganhar uma Fulbright Fellowship em Oxford, onde trabalhou com Isaiah Berlin. No seu regresso aos Estados Unidos, depois de dar aulas em Cornell e no MIT, tornou-se professor de filosofia em Harvard em 1962, onde se manteve durante os quarenta anos seguintes.

No seu primeiro livro importante, *Uma Teoria da Justiça* (1971), Rawls pretende estabelecer a base de uma sociedade justa, reconciliando as exigências concorrentes da liberdade e da igualdade. A sua grande ideia é a de «justiça como equidade», a qual propõe direitos básicos iguais, oportunidades iguais e a promoção ativa dos interesses dos menos beneficiados. Ele começa com uma experiência que imagina uma altura antes de a sociedade existir. Começando a partir do zero, como é que as pessoas ordenariam a sociedade, se não soubessem que posição ocupariam? Para Rawls, parece óbvio que agiriam de forma a maximizar as suas próprias oportunidades de bem-estar — onde se deverá ler acesso igual a direitos e oportunidades. Não se trata aqui de uma abordagem utilitária universal do maior dos bens, mas antes de um apelo ao maior bem *médio*.

Rawls identifica dois princípios: o princípio da liberdade, que declara que as pessoas deverão ter uma pretensão igual às liberdades básicas, e o princípio da diferença, que declara que pessoas com talentos semelhantes deverão ter oportunidades semelhantes na vida e que as desigualdades económicas deverão levar o maior benefício aos menos afortunados. Sem alargar as liberdades básicas àqueles que se situam no extremo inferior da escala socioeconómica, não vale a pena para ninguém viver em sociedade.

Thomas Kuhn estudou física em Harvard e, depois, ensinou ciência no mesmo local, interessando-se cada vez mais pela história da ciência. Mudou-se para o departamento de filosofia em Berkeley em 1956 para dar aulas de história da ciência e foi nomeado professor do quadro em 1961. Foi a convergência destes interesses que levou à publicação, em 1962, de *A Estrutura das Revoluções Científicas*, livro que cimentou a sua reputação como *o* filósofo da ciência.

Aqui, Kuhn sugere que, em qualquer período dado, a ciência, em vez de ser a lenta e continuada acumulação de conhecimento no caminho para um entendimento da realidade física, opera de facto como um conjunto de pressupostos — a que chama um paradigma científico. Estes pressupostos determinam a natureza das investigações, as quais dependem de ideias existentes sobre o que é verdade. Esta é a «ciência normal». As revoluções ocorrem quando, com o tempo, os resultados anómalos se amontoam e se torna claro que o paradigma atual não consegue acolher nova informação.

Para Kuhn, as ideias de um paradigma científico são «incomensuráveis» com as de um outro, pois não partilham o mesmo enquadramento concetual. O facto de importantes abalos ocorrerem no interior da ciência é indubitável, como se mostra ao longo da história — a revolução coperniciana é um dos exemplos citados — e Kuhn expressou o processo em termos evolucionistas de seleção natural. Mas não via qualquer progressão racional a caminho da derradeira verdade: o seu mundo é relativista, em que a verdade científica é determinada pelo consenso da comunidade científica.

Thomas Kuhn

(1922–1996)

«A resolução das revoluções é a seleção através do conflito dentro da comunidade científica da forma mais capaz de se praticar a ciência futura. O resultado líquido de uma sequência de tais seleções revolucionárias, separadas por períodos de investigação normal, é o conjunto admiravelmente adaptado de instrumentos a que chamamos moderno conhecimento científico.»

A Estrutura das Revoluções Científicas (1962)

Mary Warnock

(1924–2019)

«Sem imaginação, estaríamos perdidos; pois apenas com a sua ajuda conseguimos interpretar a nossa experiência, transformá-la na experiência de um mundo externo e, assim, usá-la para compreender o que somos e onde estamos e o que precisamos de fazer.»

Imaginação e Tempo (1994)

Mary Warnock estudou na Universidade de Oxford, onde, entre 1949 e 1966, ensinou filosofia, com um particular interesse pela ética e pelo existencialismo, nomeadamente pelas obras de Jean-Paul Sartre. Publicou livros acessíveis acerca destas matérias e foi uma colaboradora regular nos debates radiofónicos da BBC sobre filosofia.

Em *Imaginação e Tempo* (1994), Warnock examina o papel fundamental da imaginação na compreensão da existência e na sua relação com o tempo, com a identidade pessoal e com um compromisso com o futuro. Na medida em que permite ao indivíduo pensar sobre as coisas que não estão presentes, incluindo as coisas que já não existem, ou que ainda não existem, a imaginação é o que liga o efémero ao permanente, o particular ao universal, de modo que os seres humanos possam dar sentido ao mundo em que vivem e formulem planos para lá das suas preocupações imediatas.

O facto de possuir um bem-sucedido passado académico, capaz de lhe providenciar o enquadramento ético, e as suas óbvias capacidades como comunicadora para transmitir opiniões divergentes tornou Warnock a candidata óbvia para dirigir uma série de importantes inquéritos governamentais. O seu compromisso com aquilo a que chamava «a ideia moral de sociedade» alicerçava a sua definição de política bem-sucedida e explica como conseguiu apresentar regras funcionais em relação a questões acerca das quais as pessoas tinham opiniões muito fortes.

Frantz Fanon

(1925–1961)

«Cada geração, a partir de uma relativa opacidade, deverá descobrir a sua missão, cumpri-la ou traí-la.»

Os Condenados da Terra (1961)

Nascido na Martinica, então uma colónia francesa, Frantz Fanon cresceu numa família de classe média assimilada. Na escola, contudo, soube da Négritude, um movimento que pretendia resistir ao colonialismo francês, e isso teve uma enorme influência no seu pensamento. Tendo experimentado o racismo branco em primeira mão durante a Segunda Guerra Mundial, quando a Martinica foi ocupada por soldados franceses pró-Vichy e, também, ao juntar-se às forças de libertação francesas de De Gaulle, poucas dúvidas lhe restaram quanto à atitude da França em relação à sua população negra.

Depois da guerra, Fanon estudou medicina na Universidade de Lyon, especializando-se em psiquiatria. Enquanto aí estava, começou a escrever *Pele Negra, Máscaras Brancas* (1952), usando a sua formação psiquiátrica, juntamente com o seu interesse pelo existencialismo e pela fenomenologia, para analisar a alienação intelectual e cultural que as pessoas sentiam num mundo dominado por pessoas brancas e valores brancos. Em 1953, estava a trabalhar no hospital psiquiátrico de Blida, na Argélia — outra colónia francesa, agora empenhada numa brutal luta pela independência. No seu último livro, *Os Condenados da Terra* (1961), Fanon diagnosticava a violência como a característica definidora do colonialismo e, também, como a sua cura. Só através da violência os povos colonizados poderiam libertar-se da opressão e adquirir aquilo a que chamava uma «existência autêntica».

Fanon acreditava que a sua geração tinha a oportunidade de provocar a descolonização e, quando morreu — de leucemia, com apenas trinta e seis anos —, as lutas de libertação nacional, as revoluções sociais e os movimentos anti-imperialistas eram forças vitais num mundo que parecia pronto para a mudança.

Nascido em Poitiers, Michel Foucault formou-se em Paris, na École Normale Supérieure e na Sorbonne, onde estudou filosofia e psicologia. Trabalhou na Suécia, na Polónia e na Alemanha, antes de regressar a França para dar aulas de filosofia na Universidade de Clermont-Ferrand e, depois, em Vincennes, uma nova universidade experimental. Em 1970, foi nomeado professor de história dos sistemas de pensamento no Collège de France, em Paris, fazendo convergir os seus interesses por filosofia, psicologia, história e linguística.

Foucault punha em causa a ideia de que a história pode revelar verdades objetivas, ou ensinar lições universais. Para ele, o conhecimento disponível num período em particular é determinado pelas normas sociais desse período, pelas suas formas de comunicação, pelas suas expressões culturais e pelas suas filosofias. Por isso, sentia que era necessário explorar os aspetos interconectados da cultura, que conferem a cada período as suas regras e características implícitas, e realçava o papel aqui desempenhado pela exclusão de certos grupos de pessoas — em particular, os classificados como loucos, criminosos ou sexualmente anormais. Via o poder em ação por todo o lado, não meramente como algo exercido numa determinada época por um indivíduo ou uma classe, mas como uma vasta rede em que todos são apanhados. É isto que, assim, cria o «regime da verdade» em que se alicerça uma sociedade.

Foucault desenvolveu esta ideia numa série de livros ao longo da sua carreira — a presente citação é retirada do primeiro dos três volumes da sua *História da Sexualidade* (1976–84).

Michel Foucault

(1926–1984)

«A verdade não é por natureza livre — nem o erro servil — a sua produção está sempre imbuída de relações de poder.»

A Vontade de Saber (1976)

Noam Chomsky

(1928–)

«Incolores ideias verdes dormem furiosamente.»

Estruturas Sintáticas (1957)

Noam Chomsky estudou linguística e filosofia na Universidade da Pensilvânia e passou algum tempo a investigar em Harvard, antes de terminar o seu doutoramento em linguística, em 1955. Começou a dar aulas no MIT nesse ano e, apesar de se ter reformado formalmente em 2002, continua a trabalhar lá.

A investigação de Chomsky em Harvard, no início da década de 1950, moldou os seus inovadores livros *Estruturas Sintáticas* (1957) e *Aspetos da Teoria da Sintaxe* (1965), os quais tinham implicações de longo alcance para a linguística e, também, para a filosofia. Punham em causa a perspetiva prevalecente de que as crianças adquiriam a linguagem através do treino e da experiência — ou, em termos filosóficos, empiricamente. Para Chomsky, a velocidade com a qual a língua era dominada sugeria uma predisposição inata — já estamos programados. Identificava dois níveis de conhecimento linguístico: as «estruturas de superfície», ou as palavras usadas numa língua em particular, e as «estruturas profundas», ou a gramática universal que todas as línguas partilham. Quando as crianças ouvem os adultos a falar, inferem regras gramaticais que lhes permitem construir novas frases, mas «ter gramática» não é o mesmo que «ter sentido». A frase aqui citada ilustra a questão de Chomsky: é um absurdo gramaticalmente adequado; mas não mais absurdo do que «Furiosamente verdes incolores dormem ideias», que ninguém sugeriria do ponto de vista gramatical.

A obra de Chomsky mudou a linguística, mas Chomsky sempre teve essa mesma vontade de mudar o mundo. Desde os primeiros dias da sua oposição à Guerra do Vietname, tem sido um dos principais críticos da política externa dos Estados Unidos e continua a influenciar os manifestantes anticapitalistas.

Jacques Derrida

(1930–2004)

«Não há nada fora do texto...»

Gramatologia (1967)

Jacques Derrida nasceu no seio de uma família judaica na Argélia, que era uma colónia francesa nessa altura. Para complicar ainda mais a questão da identidade, em 1940 o governo de Vichy em França despojou os argelinos judaicos da sua cidadania e Derrida foi impedido de frequentar a escola. Eventualmente, assim que a Segunda Guerra Mundial terminou, foi estudar para Paris, onde passou a dar aulas de filosofia na Sorbonne e, durante vinte anos, filosofia e literatura na École Normale Supérieure. Essas duas matérias sustentavam a abordagem pela qual é mais conhecido: a desconstrução.

Não sendo tanto uma teoria como um método crítico, a desconstrução é aplicável a qualquer texto, qualquer que seja o assunto. Em vez de se esperar que um texto tenha um sentido fixo e universal, representando uma verdade objetiva, ou as intenções do autor, a ideia é examiná-lo de perto, de modo a revelar as conexões com outros textos em contextos diferentes. Para Derrida, a língua é incapaz de fornecer uma base firme para o sentido ou a verdade, pois na realidade limita a compreensão; como disse celebremente em *Gramatologia* (1967), o texto é tudo.

A exemplo de como a linguagem limita a compreensão, Derrida citava as tradicionais oposições binárias da filosofia ocidental, argumentando que privilegiar, por exemplo, a mente em relação ao corpo, ou o racional em relação ao emocional, faz com que um pareça melhor do que o outro, embora ambos sejam necessários para que qualquer deles tenha significado.

Luce Irigaray tornou claro que não considera que os pormenores biográficos sejam relevantes para qualquer interpretação das suas ideias — as mulheres têm tido de lutar o suficiente para serem ouvidas em círculos intelectuais sem distrações desnecessárias. Em resumo, no entanto, ela nasceu na Bélgica e, na década de 1960, foi para França, onde se doutorou em filosofia e linguística, além de estudar psicanálise com o analista Jacques Lacan. Com o seu livro inovador e de rutura, *Espelho da Outra Mulher* (1974), distancia-se de Lacan e daquilo que via como os seus padrões de pensamento exclusivamente masculinos, focando-se na exclusão das mulheres tanto da filosofia como da teoria psicanalítica através da própria linguagem que era utilizada.

Para Irigaray, cada época é definida por uma questão filosófica que grita por ser examinada e, na década de 1980, essa questão era a diferença sexual. Em *Ética da Diferença Sexual* (1984), analisa como esta diferença sexual é construída, concluindo que, em todas as áreas da vida, na linguagem e no debate, o sujeito teoricamente neutro, o ego, de facto reflete apenas os interesses e perspetivas dos homens, ao passo que as mulheres são lateralizadas como um não-sujeito, ou «outro» — para apenas refletirem as preocupações masculinas.

Para preparar a via para uma nova cultura capaz de acomodar ambos os sexos com justiça, Irigaray trabalhou no sentido de elaborar uma linguagem especificamente feminina, que pusesse em causa os limites existentes do discurso e da representação, pois, como o título da sua coleção de ensaios diz, «falar nunca é neutro».

Luce Irigaray

(c. 1930–)

«A diferença sexual é provavelmente a questão da nossa época, a qual poderia ser a nossa "salvação", se fosse considerada até ao fim.»

Ética da Diferença Sexual (1984)

Richard Rorty

(1931–2007)

«A filosofia progride não por se tornar mais rigorosa, mas por se tornar mais imaginativa.»

Introdução a *Verdade e Progresso: Ensaios Filosóficos*, Vol. 3 (1998)

Richard Rorty nasceu em Nova Iorque e estudou filosofia na Universidade de Chicago, completando o seu doutoramento em Yale. Teve uma longa carreira académica, como professor de filosofia em Princeton, de humanidades em Virgínia e de literatura comparada em Stanford. Este leque de interesses conferiu-lhe uma impressionante visão geral na sua abordagem filosófica.

Em *Filosofia e o Espelho da Natureza* (1979), argumentava contra aquilo a que chamava a «filosofia tradicional», pelo que designava a busca dos fundamentos do conhecimento, da moralidade, da linguagem e da estrutura social que poderia mostrar que existiam acima e para lá do tempo e do espaço — fora da história. Em sua opinião, esta investigação não tinha sentido, pois os seus resultados apenas conferiam estrutura formal a preocupações que estavam presentes em qualquer lugar onde nos encontrássemos — o que considerava explicar a razão pela qual, por exemplo, a maioria dos filósofos anglófonos da altura fossem filósofos linguistas, enquanto a maioria dos filósofos continentais eram fenomenologistas.

A resposta, para Rorty, era repensar aquilo que a filosofia significava. Ele via o papel tanto dos métodos científicos como filosóficos como contribuindo com «vocabulários» que as pessoas poderiam depois adotar, adaptar e abandonar ao longo do tempo, de acordo com a sua utilidade. Rorty acreditava que tanto a filosofia como as sociedades beneficiariam se nos livrássemos de vocabulários ultrapassados que não conseguiam ter em conta o lugar dos povos na história e se tratássemos a filosofia como «uma voz numa conversa» e não como uma matéria académica divorciada da sua utilidade.

Amartya Sen

(1933–)

«A perspetiva do potencial humano foca-se [...] na capacidade [...] das pessoas para viverem as vidas que têm razões para prezar.»

Desenvolvimento como Liberdade (1999)

Amartya Sen nasceu em Santiniketan, em Bengala Ocidental, e frequentou a universidade em Calcutá e, depois, em Cambridge, estudando economia em ambas. Em 1956, interrompeu a investigação para o seu doutoramento para regressar à Índia e ingressar no departamento de economia, na recentemente criada Universidade de Jadavpur, em Calcutá. Dois anos mais tarde, foi-lhe oferecida uma bolsa em Cambridge e regressou para estudar filosofia.

A combinação de economia e filosofia fazia perfeito sentido, pois as áreas de interesse de Sen na economia — em particular, a teoria da escolha social e uma análise da injustiça e da privação social — baseavam-se na lógica e na ética, conduzindo-o à área mais alargada da filosofia política. Isto culminou no início da década de 1980, com a sua formulação da abordagem do potencial. Em vez do habitual foco no aumento do PIB, do progresso técnico e da industrialização como forma de tratar os problemas sociais e económicos da desigualdade, da pobreza e da associada ausência de liberdade e direitos, Sen preferia uma abordagem à escala humana, tendo em conta os efeitos das políticas económicas no bem-estar das comunidades. Realçava a importância de fomentar as condições em que as pessoas poderiam ter o tipo de vida que prezassem, o que significava melhorar as oportunidades e as escolhas e, em *Desenvolvimento como Liberdade* (1999), Sen identificava cinco exigências: liberdades políticas, facilidades económicas, oportunidades sociais, garantias de transparência e segurança protetora.

Durante a sua longa carreira, Sen ensinou em numerosas universidades. Em 1998, foi-lhe conferido o Prémio Nobel em Economia pela sua contribuição para a economia do bem-estar.

Nascido em Daegu, na Coreia, Jaegwon Kim estudou literatura francesa na Universidade Nacional de Seul, antes de se mudar para os EUA para prosseguir os seus estudos. Licenciou-se no Dartmouth College, em francês, matemática e filosofia e prosseguiu com o seu doutoramento em filosofia em Princeton. Passou a maior parte da sua vida de trabalho a ensinar filosofia na Universidade de Brown.

Kim tornou-se sobretudo conhecido pelo seu trabalho sobre filosofia da mente, em particular sobre causação mental — se os pensamentos ou estados mentais intencionais podem resultar em ações intencionais. Isto estava não só ligado à antiga questão mente-corpo, mas também à superveniência, ou à natureza das relações entre conjuntos de atributos ou factos. Argumentava que os estados mentais não podem ser reduzidos a propriedades físicas do cérebro. O seu trabalho sobre superveniência conduziu a um estudo detalhado sobre a própria causação, com todas as suas ramificações metafísicas. Como poderemos coadunar a aceitação das leis da física, que postulam uma explicação física para os acontecimentos no mundo físico, e o significado de estados mentais nos acontecimentos subsequentes determinantes?

Kim defendia a necessidade de incorporar a experiência e a cognição humanas numa visão do mundo naturalista. No seu livro *A Mente num Mundo Físico* (1998), advertia contra o excesso de confiança numa abordagem mecanicista e a ideia de que os problemas filosóficos podem ser resolvidos simples e facilmente, sem ter de se «pagar um pesado preço metafísico».

Jaegwon Kim

(1934–2019)

«Não há almoços grátis em filosofia, tal como na vida real, e acredito que os baratos não valem o dinheiro gasto. Mais vale escolher um bom almoço e pagar o seu preço.»

A Mente num Mundo Físico (1998)

Robert Nozick

(1938–2002)

«A filosofia moral determina o contexto, e os limites, da filosofia política. Aquilo que as pessoas podem, e não podem, fazer umas às outras limita aquilo que podem fazer através do aparelho de Estado, ou que fazem para estabelecer esse aparelho.»

Anarquia, Estado e Utopia (1974)

Nascido em Nova Iorque, Robert Nozick estudou na Universidade de Columbia e, depois, em Princeton e Oxford, como bolseiro do programa Fulbright. Ensinou nas universidades de Princeton, Harvard e Rockefeller, antes de se mudar permanentemente para Harvard, em 1969. Além de aí se tornar professor de filosofia, foi também presidente da Associação Americana de Filosofia.

Nozick estabeleceu a sua reputação com o seu primeiro livro, *Anarquia, Estado e Utopia* (1974), no qual adianta argumentos a favor de um Estado mínimo que se confine a fornecer segurança às pessoas e à propriedade. Esta era a sua resposta ao influente *Uma Teoria da Justiça*, de John Rawls (1971). Onde Rawls falava de «justiça e equidade» e via a necessidade de redistribuir a riqueza para ajudar os menos afortunados, Nozick adotava uma abordagem diferente com a sua «teoria da justiça da prerrogativa». De acordo com Nozick, os indivíduos são apenas isso — são apenas pessoas: não servem os fins de mais ninguém; são donos dos seus corpos, das suas capacidades e dos frutos dessas capacidades. Ninguém tem o direito de retirar pela força aquilo que resulta do trabalho de outra pessoa e este «ninguém» inclui o Estado, por isso não há aqui lugar para a redistribuição pelo maior dos bens.

A ideia de um estado mínimo que lide apenas com problemas de «força, roubo e fraude» guardará contra a propensão para a anarquia que poderá resultar do libertarismo. Mas tal não constitui um contrato social à maneira antiga: no sistema de Nozick, os direitos individuais precedem qualquer contrato com o Estado. Longe de ser restritivo, o Estado mínimo é, para Nozick, um «enquadramento para a utopia», permitindo que as pessoas alcancem diferentes objetivos, dependendo dos seus talentos particulares.

Angela Davis

(1944–)

«Radical significa simplesmente “captar as coisas pela raiz”.»

«Vamos Todos Erguer-nos Juntos», conferência proferida no Spelman College, Atlanta, 1987

Angela Davis nasceu em Birmingham, no Alabama, numa altura em que eram negados aos afro-americanos direitos civis básicos. Quando era criança, a mãe disse-lhe como funcionava a segregação, mas encorajou-a a acreditar que poderia promover a mudança. Davis ganhou uma bolsa para a Universidade de Brandeis, no Massachusetts, e enquanto lá andava conheceu o filósofo Herbert Marcuse, o qual — contou ela anos mais tarde — lhe mostrou que era possível ser-se académico e ativista, um estudioso e um revolucionário. A sua via estava traçada.

Depois de completar os seus estudos na Europa, Davis foi nomeada professora assistente de filosofia na UCLA, em 1969, mas, um ano mais tarde, foi despedida por ser membro do Partido Comunista. Envolveu-se na campanha para libertar os Irmãos Soledad, ativistas negros presos, mas, quando quatro pessoas foram mortas a tiro, descobriu-se que as armas usadas estavam registadas no nome de Davis. Subitamente, fazia parte da lista dos «Dez Mais Procurados» do FBI, acusada de conspiração, rapto e homicídio. Passou dezasseis meses na prisão, antes de ser julgada e considerada inocente de todas as acusações, em 1972.

Estas experiências levaram a que se identificasse e manifestasse contra aquilo a que chamava o «complexo prisional-industrial», uma moderna forma de escravatura em que a população negra estava desproporcionadamente representada. Acabando por ser vista em geral como uma política radical, Davis diminuiu o seu envolvimento em vários grupos de protesto, enquanto prosseguia a sua carreira académica. Desempenhou um importante papel na organização de manifestações estudantis e na defesa dos direitos civis, das mulheres e dos prisioneiros. Continua a escrever e a dar aulas e a ser uma defensora veemente da resistência ativa perante a opressão.

Peter Singer nasceu em Melbourne e estudou direito, história e filosofia na universidade local, decidindo depois focar-se na filosofia. Fez o seu trabalho de pós-graduação em Oxford e, depois, ensinou aí durante três anos, antes de mudar para cargos académicos em Nova Iorque e Melbourne. Em 1999, foi nomeado professor de bioética em Princeton.
Uma das primeiras obras de Singer, *Libertação Animal* (1975), considera a forma desapiedada como os humanos tratam os animais e é-lhe frequentemente atribuído o papel de ter iniciado o movimento dos direitos dos animais. Em *Ética Prática* (1979), alargou o leque de tópicos cobertos, de modo a incluir, entre outras coisas, a finalização da vida em relação aos humanos (incluindo o aborto e a eutanásia) e aos animais; os extremos de riqueza e pobreza entre as pessoas e entre as nações; a desobediência civil, o terrorismo e a violência; e, na edição de 2011, as alterações climáticas.
Nestes e em livros subsequentes, a preocupação de Singer é orientar respostas práticas para problemas do mundo real com base numa sólida análise ética. Seguindo a linha utilitarista, argumenta que o mais elevado bem moral é a maior das felicidades — e a menor dor — para o maior número, respeitando ao mesmo tempo a autonomia humana.
O princípio orientador é o altruísmo efetivo, usando a evidência e o raciocínio para determinar a melhor maneira de beneficiar os outros, onde quer que estejam no mundo e independentemente do que forem, ou de quem forem.

Peter Singer

(1946–)

«Um juízo ético que não seja bom na prática deverá sofrer também de um defeito teórico, pois toda a justificação dos juízos éticos é guiar a prática.»

Ética Prática (3.ª edição, 2011)

Martha Nussbaum

(1947–)

«A filosofia não deverá ser escrita desligada da vida real.»

Cultivar a Humanidade (1997)

Martha Nussbaum nasceu em Nova Iorque e ensinou filosofia e estudos clássicos nas universidades de Harvard, Brown e Oxford, antes de ser nomeada professora de direito e ética na Universidade de Chicago. Escreveu sobre um vasto leque de matérias, incluindo filosofia grega e romana, igualdade de género, desenvolvimento internacional, teoria política e prática política e educação.

Em *Cultivar a Humanidade* (1997), Nussbaum defende a educação liberal para criar uma geração de pensadores que transcendam as diferenças de classe, género e nacionalidade, para se poder abordar preocupações globais. Inspirando-se em Sócrates e nos estoicos, realça a importância do autoexame crítico e as aspirações a sermos cidadãos do mundo. Defensora do multiculturalismo, defende áreas temáticas como os estudos sobre minorias e homossexuais, enfatizando a sua contribuição para o pensamento crítico e para a cidadania mundial, e sublinhando o valor da literatura para fomentar a imaginação narrativa aplicada a questões éticas.

A teoria académica conheceu viragens práticas ao longo da carreira de Nussbaum. Entre 1986 e 1993, aconselhou o Instituto Mundial da Universidade das Nações Unidas para o Desenvolvimento da Investigação Económica, que promove a paz e o progresso juntando importantes académicos para tratarem de problemas internacionais. Em 2004, foi presidente fundadora da Associação do Desenvolvimento e Capacidade Humana, que fomenta o bem-estar global através da pesquisa em economia, saúde, educação, direito e governação.

Cornel West

(1953–)

«Ser uma esperança é estar em movimento, o corpo pronto a deslocar-se, a mente fixa na liberdade, a alma cheia de coragem e o coração pleno de amor. Ser uma esperança é forjar determinação espiritual, envergar a armadura intelectual e estar disposto a viver e a morrer pelos direitos dos miseráveis da Terra.»

«A Raça Tem Importância na América do Século xxi», nova introdução a *A Raça Importa* (2018)

Cornel West nasceu em Tulsa, no Oklahoma, e foi criado em Sacramento, na Califórnia, onde foi profundamente influenciado pela sua igreja Batista e pelo Partido dos Panteras Negras, cujas instalações ficavam perto. Na igreja, ouvira comoventes depoimentos de outros afro-americanos sobre as suas lutas, tanto atuais como históricas, ao passo que, com os Panteras, que lhe apresentaram as obras de Karl Marx, aprendeu a importância do ativismo político. Licenciou-se em Harvard e doutorou-se em Princeton em filosofia, indo depois dar aulas de filosofia, religião e estudos afro-americanos em Yale, Harvard, Princeton e no Union Theological Seminary. É presentemente professor de prática de filosofia pública em Harvard.

A Raça Importa (1993) é uma coletânea de ensaios que exploram a centralidade do racismo na história americana. Inicialmente publicado um ano após a absolvição dos polícias que atacaram Rodney King, o que provocou motins em Los Angeles, cobre uma série de assuntos, incluindo a crise na liderança negra, os mitos ligados à sexualidade negra e o novo conservadorismo negro. A citação aqui presente é retirada da edição do vigésimo quinto aniversário do livro, que se mantém hoje assustadoramente relevante.

A obra de West tem um vasto âmbito. Os seus livros analisam questões de raça, classe e justiça dentro de um enquadramento filosófico e sempre tem sido um ativista político além de académico, participando em manifestações e envolvendo-se com causas que sente serem justas.

Nascido em Minneapolis, Michael Sandel estudou política na Universidade de Brandeis. Foi depois para Oxford como bolseiro do programa Rhodes e fez investigação em filosofia durante a pós-graduação. Em 1980 começou a dar aulas de filosofia política em Harvard. À exceção de um curto período como professor convidado na Sorbonne em 2001, manteve-se em Harvard, onde é agora professor de governação. A sua influência estende-se além do mundo universitário, pois é bem conhecido como apresentador de debates radiofónicos e televisivos que exploram as ideias filosóficas por detrás de questões de preocupação comum, o que lhe valeu o título de «o filósofo público».

Desde o início, Sandel questionou a prevalecente abordagem filosófica presente em *Uma Teoria da Justiça* de John Rawls, perguntando se fará sentido procurar princípios de justiça e de direitos humanos que se mantêm fixos, independentemente das diferentes ideias acerca daquilo que realmente constitui a virtude e a vida boa. Embora o discurso utilitarista de Rawls acerca do maior bem pareça admirável, ignorava áreas como os direitos políticos e morais, os quais protegem as liberdades individuais da crença e agregam as pessoas às suas comunidades.

Em *Justiça: Fazemos o que Devemos?* (2009), Sandel pergunta o que realmente queremos dizer quando falamos de justiça. Se uma sociedade justa é aquela que distribui o rendimento e a riqueza justamente, equilibra os direitos e os deveres, fornece oportunidades e recompensa os serviços, quem terá o poder de decidir o que cabe a cada um? Nos seus livros e nas suas intervenções públicas, Sandel mostra que, embora não existam respostas simples, é importante manter a conversa a decorrer.

Michael Sandel

(1953–)

«A forma como as coisas são não determina a forma como deveriam ser.»

Justiça (2009)

Kwame Anthony Appiah

(1954–)

«As pessoas recomendam frequentemente o relativismo por pensarem que conduzirá à tolerância. Mas, se não pudermos aprender uns com os outros aquilo que está certo pensar, sentir e fazer, então a conversa entre nós será inútil.»

Cosmopolitismo (2006)

Kwame Anthony Appiah nasceu em Londres. Quando era bebé, a família mudou-se para o Gana, mas, já adolescente, foi para a escola em Inglaterra e estudou depois filosofia em Cambridge. Ensinou em universidades no Gana e na América, incluindo Yale, Harvard e Princeton, e é atualmente professor de filosofia e direito na Universidade de Nova Iorque.

Com a crescente globalização e as mudanças nos estilos de vida existentes que esta provoca, Appiah está interessado em questões filosóficas em torno da raça e da identidade, juntamente com a teoria moral. De um ponto de vista ético, aceitamos que todos têm o direito a certos recursos básicos que lhes permitam viver com dignidade, mas as nossas próprias identidades e preocupações muitas vezes cegam-nos para as desigualdades que existem noutros sítios. Como cidadãos do mundo, deveríamos procurar um código moral absoluto, ou aceitar que todos têm os seus próprios valores?

Para Appiah, existe uma via intermédia. Em *Cosmopolitismo: Ética num Mundo de Estranhos* (2006), argumenta que temos obrigações morais quando estão em causa padrões universais, mas que também devem ser preservados os valores e as comunidades locais. Apenas celebrando ativamente as nossas diferentes práticas e crenças, informando-nos melhor sobre elas através do diálogo, encontraremos um caminho para um florescimento mútuo.

Simon Critchley

(1960–)

«Nunca Andarás Só»

Do musical de Rodgers e Hammerstein, *Carousel* (1945)

Simon Critchley deixou a escola aos dezasseis anos, sem qualquer intenção de prosseguir uma carreira académica — estava mais interessado no *punk rock*. Contudo, em 1982, foi estudar filosofia e literatura na Universidade de Essex. A sua tese de doutoramento tornou-se o seu primeiro livro, *A Ética da Desconstrução: Derrida e Levinas* (1992). É agora professor de filosofia na New School for Social Research, em Nova Iorque, e os seus interesses incluem a filosofia continental, a psicanálise, a ética e a teoria política.

Critchley publicou vastamente, com livros sobre todos os assuntos e mais alguns. O seu *Muito Pouco... Quase Nada* (1997) discute o desapontamento religioso, enquanto *Infinitamente Exigente* (2007) trata do desapontamento político e das ramificações de ambos estes contratempos. E depois há *Em que É que Pensamos Quando Pensamos em Futebol* (2017). Mais de uma vez, Critchley afirmou: «O meu único compromisso religioso é para com o Liverpool Football Club». Uma vez que este livro começa com a jornada de mil milhas de Lao-Tsé, parece adequado acabarmos com o conhecimento seguro de que — como os fãs cantam no estádio de Anfield — não andamos sós.

Índice de Filósofos